はじめての ParaView パラビュー 三訂版

はじめに

ParaViewの世界にようこそ。

　米国では、政府の費用で開発したものをコミュニティに還元する動きは活発です。

　ParaViewもその一つで、アメリカの国立研究機関と民間企業が共同で開発したソフトです。

　ParaViewは、データの可視化機能を提供するもので、大量の数値データがあった時に、それを人間が理解しやすい形で可視化（グラフ化を含む視覚的な表現化）することによって、研究や開発に役立てようとするものです。

　ParaViewは、簡単なデータから複雑なシミュレーションまで、規模を問わない、優れたソフトです。まずは使ってみることをお勧めします。

　もちろん、使う前に可視化すべきデータをもっていることが前提ですが、ParaViewに付属のサンプル・データで遊んでみるだけでも、その面白さの一端に触れることができます。

　初版、改訂版を出してから「ParaView」はさらに進化を重ね、今回も大幅に書き換えることとなりました。

　データ処理のためのフィルタの追加、各種設定の細分化、そして、CGシーンのような表現を可能にする機能の追加など、全面的に見直しています。

　すべてを盛り込むことは不可能ですが、最初の一歩として役立てていただけると幸いです。

林　真

はじめての ParaView 三訂版

CONTENTS

第 1 章

「ParaView」とは

「ParaView」が開発された背景や、どのように動作するか、などを概説します。

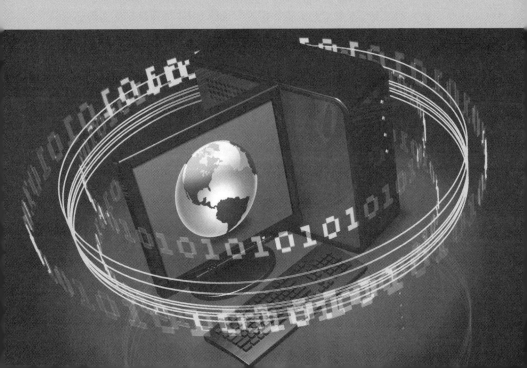

1-1　　　　　本書の想定している読者

本書では、次のレベルの方を想定しています。

・オペレーティング・システムの操作について、一通り理解している。
・アプリケーションのインストールや削除の手順を理解している。
・システム的な用語の基礎的知識がある。

　また、ソフトの操作を解説するため、「データをもっているが、このデータをどのように可視化して分析するか」という、具体的な応用についての解説は行ないません。

　学術分野は問いません。「ParaView」は、「数値流体力学」(CFD)を使うような機械系の研究者や開発者から、「医療画像処理」を行なっている医療従事者まで、幅広い分野の数値を可視化できます。
　また、最近のバージョンではCGのような画像処理機能が追加されているため、用途が広がっています。

　ただ、実際の使用現場を見てみると数値流体力学や構造解析の分野で使われていることが多いようなので、本書の解説では例としてCFDや構造のデータを使います。そのため、数値流体力学 (CFD) の非常に基本的なレベルの理解ができると分かりやすいです。
　CGの説明の箇所では、学術というよりは空間映像作成という観点から説明しています。

1-2　　　　　「ParaView」とは何か・歴史

　「ParaView」は「パラビュー」と読みます。
　データを「グラフ」や「アニメーション」にすることによって可視化するソフトです。
　「スタンド・アロン」や「クライアント/サーバ」「分散システム」として動作するだけでなく、フレームワークとしても利用できます。

　また、柔軟なアーキテクチャをもち、小さなデータであればパソコンでも動

作し、大きなデータであればスーパーコンピュータでも動作させることができます。シングル・プロセッサでも分散環境でも動作できるなど、用途に合わせて実装できます。

「ParaView」はKitware Inc.が開発したソフトで、オープン・ソースで配布されており、誰でも無料で使うことができます。

■「ParaView」の動作環境

「ParaView」(執筆時点の「5.10」)のDesktop版では、

・Windows (64bit)
・Linux (64bit)
・macOS (64bit)

のインストーラが用意されています。

また、分散環境やスーパーコンピュータにおいては、MPIの分散メモリ環境で動作します("MPI"と記載されたインストーラを使う)。

■「ParaView」の歴史

「ParaView」開発の歴史を見ておきます。これを見るだけで、ソフトの機能の高さが伺い知れます(下記の表は、いくつかのマイナーバージョンの情報を省略しています)。

2000年	「ParaView」プロジェクトの開始(Kitware Inc.とLos Alamos National Laboratory (ロスアラモス国立研究所)の共同プロジェクト)
2002年10月	「ParaView 0.6」リリース
2005年9月	「ParaView 3.0」の開発に着手(Kitware、Sandia National Labs (サンディア国立研究所)、CSimSoftの共同プロジェクト)
2007年5月	「ParaView 3.0」リリース
2009年7月	「ParaView 3.6」リリース(本書の初版のベース)
2013年2月	「ParaView 3.98」リリース(3.xの最終版)
2013年6月	「ParaView 4.0」リリース
2014年9月	「ParaView 4.2」リリース(本書の第2版のベース)
2015年9月	「ParaView 4.4」リリース(4.xの最終版)
2016年3月	「ParaView 5.0」リリース
2018年6月	「ParaView 5.5」リリース
2022年3月	「ParaView 5.10」リリース(本書のバージョン)

バージョン「3.0」から「4.0」までに6年かかり、2013年にメジャーバージョンアップとなりましたが、「4.0」はリリースノートに書かれているように、大きな変更ではなく、マイルストーンとして「4.0」を置いたものです。

次のバージョン「5.0」では、バックエンドのレンダリングの刷新やOpenGL APIの最新の対応などが行われた新しいシリーズです。バージョン「5.x」系統でもすでに4年が経過しています。

1-3 「ParaView」の特徴一覧

「ParaView」は、次のようなデータを可視化できます。

・構造格子データ(Structured)
  等間隔の直線格子
  非一様の直線格子
  曲線格子
・非構造格子データ(Unstructured)
・ポリゴンデータ
・複数ブロックをもつデータ
・AMR(Adaptive Mesh Refinement)データ
・glTF [GL Transmission Format](＋Skybox背景)

などです。

また、データによって次のような処理、データの操作などができます。

ベクター表示	表示内の点にグリフ(小さなアイコン)を付けることができる。
面の抽出	コンター(等値面)とisosurfaceを抽出し、色付けできる。
サブ領域の抽出	任意の平面で切断、クリッピング、セルを除外するための閾値条件を指定できる。
流線の表示	点、線、円柱、リボンなどで表示し、多くのフィルタで処理できる。
配列計算	既存の点やセルフィールド配列を使って新しい変数を計算できる。
プログラミング	VTK、NumPy、SciPy、他のPythonのモジュールを使ってデータ処理をさせることができる。
3Dシーングラフィックス	glTFとSkyboxの組み合わせや、3Dデータとデザインの組み合わせ、背景と組み合わせてシーンを作ることができる。

■ファイル入出力

次のような他のアプリケーションで作成されたデータをそのまま読み込む機能が実装されています(カッコ内は拡張子)。

ANSYS (inp)、Dyna3D (dyn)、EnSight (case)、FLUENT (cas)、LS-DYNA (k/d3plot)、VTK (vtk)、NASTRAN (nas)、OpenFOAM (foam)、Plot3D (xyz/p3d)、PLYポリゴン (ply)、タンパク質データバンク (pdb)、Tecplot (plt)、画像 (jpg/pmg/tif)、テキストデータ (txt/csv)

これらの説明は、**第3章**で行ないます。
オープンソースであるということは、標準で実装されている以外の独自のファイルの読み取り機能を開発して、追加できる、ということです。

■大規模データの分散処理

「スタンド・アロン」で動作するだけでなく、大規模なデータがある場合には、「並列処理」「分散処理」ができます。
「マルチコア」のパソコンでの並列処理だけでなく、処理を複数台のコンピュータに分散させることで高速処理が可能です。

「ParaView」のWebサイトには、こういった大規模データの使用例がいくつか掲載されています。
次の図は、サンディア国立研究所が小惑星の爆発の状況をシミュレートしたものです。

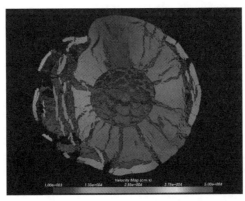

図1-1　Golevka Asteroid Explosion Simulation (ParaViewサイトより)

■スクリプティングと機能拡張

プログラミング言語「Python」を使って、「ParaView」内の機能をコントロールできます。

これにより、繰り返し発生するバッチ処理やフィルタ処理を、自動化できます。

また、XMLインターフェイスの記述を追加したり、C++でクラスを記述することで、機能モジュールを追加できます。

さらに、オープンソースであるということから、「ParaView」のソース自体を、修正、追加して、機能を拡張することも可能です。

1-4　「ParaView」の構造

「ParaView」は、「VTK」と「Qt」という部品を使って開発されています。

「VTK」(ヴイ・ティー・ケー)	「Visualization Toolkit」の略で、可視化に関する機能を提供しているライブラリ。Kitware社が開発。
「Qt」(キュート)	アプリケーション・フレームワークで、「ParaView」のユーザー・インターフェイスを開発するために使われている

これらを使って、各機能をレイヤー化して実装することで、分散処理を可能にしたり、モジュールを追加したりできるようになっています。

プログラムの構造を簡単に図にすると、次のようになります。

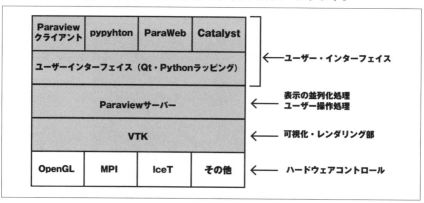

図1-2　「ParaView」の構造(ParaView Tutorialから引用)

| **Column** | 「ParaView」の事例 |

「ParaView」のWebサイトに挙げられている例をここにも挙げておきます。これらを見ると、さまざまな用途に使えることが分かります。

次の図は、地球観測の研究分野での「極渦破壊」のシミュレーションです。これには10億個のメッシュ状のセルが含まれ、デスクトップ上でインタラクティブに操作できるように、128台の描画ノードを使っています。

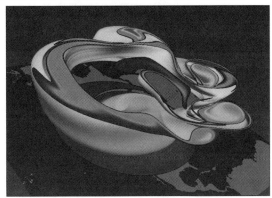

図1-3　Polar Vortex Breakdown Simulation（ParaViewサイトより）

次の例は、横風が吹いているときの火災の状態をシミュレートしたものです。これは、サンディア国立研究所の「Red Storm」スーパーコンピュータで、5000ノードを使って計算しています。

図1-4　Cross Wind Fire Simulation（ParaViewサイトより）

他にもさまざまな例が「ParaView」のWebサイトには掲載されています。Webサイトの「Gallery」のリンクをたどってみてください。

第2章

インストール・メイン画面

「ParaView」をダウンロードしてスタンド・アロンで使える環境を整えます。メイン画面についても簡単に説明します。

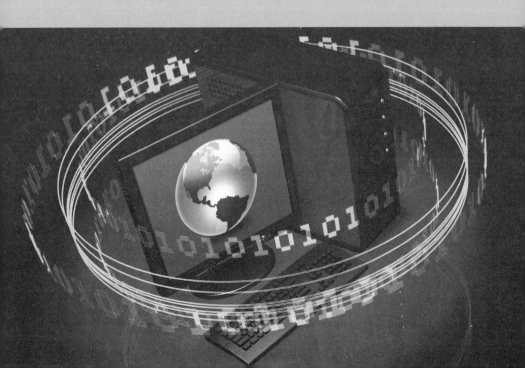

2-1　ダウンロードとインストール

　すでにコンパイルずみのバイナリ・インストーラを、ダウンロードしてインストールするまでの手順を説明します。

　本書では、Windows 10（64bit）を使って説明します。

手　順

[1] Webブラウザで「ParaView」の公式サイト（http://www.paraview.org/ ）を開きます。このサイトが「ParaView」の情報収集の中心となるサイトです。

図2-1　「ParaView」のサイト

[2] 画面上部の「Download」またはページ内の「Download Latest Release」をクリックします。

[3] リストの上部に「Sources」「Windows」「Linux」「macOS」が表示されています。「Windows」を選択して、リストから、「ParaView-5.10.1-MPI-Windows-Python3.9-msvc2017-AMD64.exe」を選択します。

図2-2　ダウンロード画面

[4] ダウンロードしたファイルのアイコンをダブルクリックして、インストーラを起動し、画面に従ってインストールしていきます。

[5] インストールの完了の画面が表示されたら、「完了」をクリックしてインストーラを終了します。

[6] Windowsの「スタート」→「ParaView 5.10.1-****」→「ParaView 5.10.*」を選択して起動します。

■アンインストール

「スタート」→「ParaView 5.10.1-****」→「Uninstall」を選択し、画面に従ってアンインストールします。

または、「Program Files」フォルダ→「ParaView 5.10.1-****」フォルダ→「Uninstall.exe」を実行します。

Windowsの「設定」→「アプリ」でも可能です。

2-2　　メイン画面とツール・バーの概要

　実際にデータを読み込ませる前に、画面に表示されている部品について説明します。

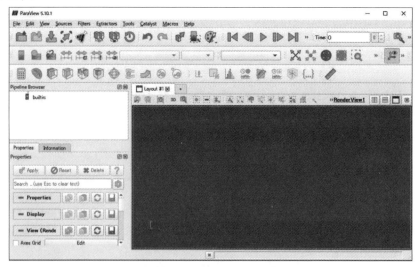

図2-3　「ParaView」のメイン画面

　画面の上部には、Windowsの他のプログラムと同じように、「メニュー」と各種「ツールバー」が表示されています。

　「ツールバー」の表示項目は、「View」→「Toolbars」でコントロールします。各項目の詳細は、別の章で解説します。

　画面左上は、「Pipeline Browser」(パイプライン・ブラウザ) です。どのようなデータを表示し、それにどのフィルタを適用しているかを表示します。

　この「パイプライン」という概念が「ParaView」では重要です。データをさまざまな観点から画面上に表示するにあたり、元のデータをこのパイプラインに沿って処理していくことで目的の可視化にたどり着く、という仕組みです。

　「目」のアイコンがついていて、色の濃いものが現在、画面上に表示されているものを示しています。

　「目」をクリックすると、表示状態を切り替えることができます。

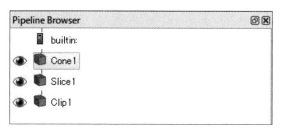

図2-4 「Pipeline Browser」

　「Pipeline Browser」の下には、「Properties」と「Information」が表示され、「Pipeline Browser」で選択されているオブジェクトのデータやフィルタの属性や表示方法などを設定します。

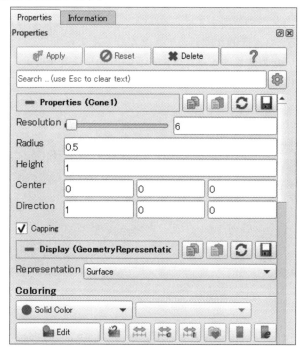

図2-5　オブジェクトとフィルタの情報画面

　画面の右が、実際に可視化されたデータが表示されるメインの画面です。

この画面の右上に、4つのボタンがあります。

それぞれの意味は、左から、

①	Split Horizontal Axis	画面を横に並べてもう1つ表示
②	Split Vertical Axis	画面を縦に並べてもう1つ表示
③	Maximize	ウィンドウの中で最大化
④	Close	画面を閉じる

となります。

　可視化表示画面の上にはさまざまなボタンがあります。

左の5つはカメラに関するものです。

⑤矢印の付いたカメラアイコン2つはカメラ操作の「Undo/Redo」です。

⑥カメラアイコンはスクリーンキャプチャを取得します。

⑦「2D/3D」はカメラの位置を3次元で移動できるか、2次元で移動できるかで、2次元にすると3次元的な回転ができなくなります。

⑧虫眼鏡のついたカメラアイコンはカメラの方向や位置を指定する画面が開きます。詳細は次に説明します。

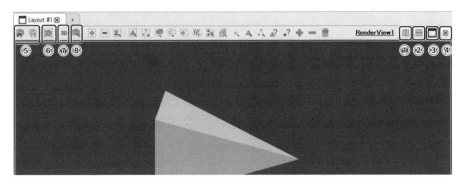

図2-6　画面コントロールのボタン

　虫眼鏡のついたカメラアイコンは「Adjust camera」で、座標を指定してカメラ位置を設定します。

　「Standard Viewpoints」は、ツールバーのカメラ角度を指定するボタンと同じです。

　「Custom Viewpoints」は、独自のカメラ位置を登録できます。「Configure」ボタンを押して、現在のカメラ位置をどの表示に割り当てるかを設定します。

「Center of Rotation」(回転時の中心)「Reset Center of Rotation When Camera is Reset」(カメラがリセットされたとき回転の中心もリセットする)を設定します。

「Rotation Factor」は、回転の速度を定義します。

「Camera Parameters」は、現在のカメラ位置を設定します。このカメラ位置は、保存して、後で読み込むことができます。

「Manipulate Camera」セクションでは、「Roll」(横方向の回転度数)「Elevation」(縦方向の回転度数)「Azimuth」(方位角)「Zoom In/Out」(拡大/縮小)を設定することができます。

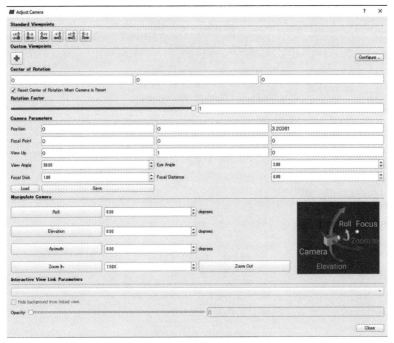

図2-7　カメラ位置の調整

図2-6の「Layout #1」と書かれているタブの部分の「+」をクリックすると、新しいレイアウトが作成され、次のどの情報を表示するかを選べます。

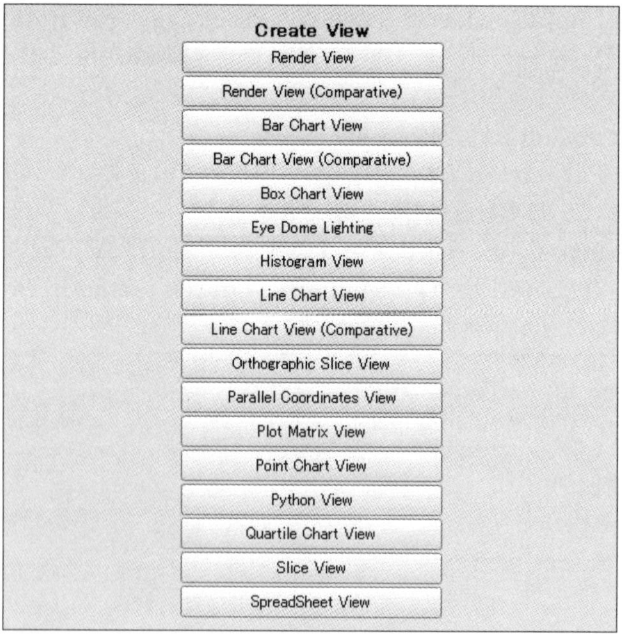

図2-8 新規表示の作成

　ここで「(Comparative)」は、複数の画面でデータを比較できるモードを示しています。

表2-1 新規表示の作成

表示形式	説　明
Render View	デフォルトで表示されるものと同じ、3次元表示画面が開く。
Bar Chart View	棒グラフの表示画面が開く。
Box Chart View	ボックスチャートの表示画面が開く。
Eye Dome Lighting	Eye-Dome Lighting (EDL)画面が開く。
Histogram View	ヒストグラムの表示画面が開く。
Line Chart View	折線グラフの表示画面が開く。
Orthographic Slice View	正射影スライスの表示画面が開く。
Parallel Coordinates View	並行座標プロットの表示画面が開く。
Plot Matrix View	XYプロットをマトリックス状に並べた画面が開く。
Point Chart View	散布図の表示画面が開く。

表示形式	説　明
Python View	matplotlib (PythonとNumPy用のグラフ描画ライブラリ)用の表示画面が開く。
Quartile Chart View	箱ひげ図の表示画面が開く。
Slice View	3次元のデータのスライス面を作成し、表示する画面が開く。複数のスライス面を作成したり、移動に特化。
Spreadsheet View	表形式のスプレッドシートが表示される。

　画面に表示されるツールバーは、「View」メニューから設定できます。

　「View」メニューでは、「ツールバーの項目」や「画面に表示するコンポーネント」をコントロールできます。

表2-2　ツールバー

Active Variable Controls	「凡例の表示」「カラースケール」「表示する変数の切り替え」などができる。
Camera Controls	「カメラの位置」「カメラの向き」を設定できる。
Center Axes Controls	「原点を表示」したり、「リセット」したりできる。
Common	「Filters」メニューの「Common」に対応した主要なフィルタが表示される。
Current Time Controls	時間軸を含むデータの場合の時間を表示し、指定ができる。 Time: 0 　0 　max is 43
Custom Viewpoints Toolbar	カスタムのビューポイント(カメラ位置)を作成したり、保存できる。
Data　Analysis	各種データ分析ツールへのアクセスできる。
Macros Toolbars	登録してあるマクロの名前が表示され、クリックして直接起動できる。下記は「PythonSample.py」を登録した例。 PythonSample

Main Controls	「ファイルを開く」「サーバに接続する」などの基本機能。
Measurement Tools	物体の大きさを測るツールをパイプラインに追加する。
Representation Toolbar	「Points」「Wireframe」など、表示の方法を示す。 Surface
VCR Controls	アニメーションの場合の、再生のコントロール。

2-3 ヘルプ

「Help」メニューから「ParaView Guide」を選ぶか、「F1」キーを押します。「ParaView」のWebサイトにつながり、詳細なドキュメントを見ることができます。

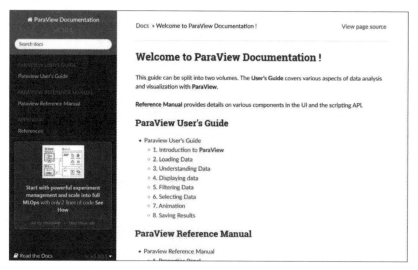

図2-9 「ParaView」のドキュメント

また、「Getting Started」を見ることもできます。このファイルはインストールされているフォルダの「doc」フォルダにも保存されています。

Column 「Linux」環境でのインストール

　「ParaView」は、クロス・プラットフォームで、「Windows」だけでなく、「Linux」や「macOS」でも動作します。ここでは、「Linux」でのインストールについて解説します(ここではUbuntuを使いました)。

　「ParaView」は「Linux」で動作させることも非常に簡単です。インストーラ形式ではないので、「Windows版」よりもさらに簡単かもしれません。

手　順

[1] 「ParaView」のサイトから、アーカイブをダウンロードします。

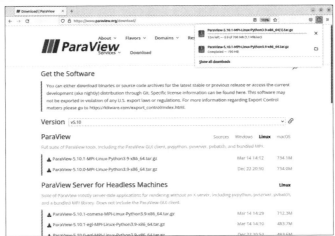

図2-10　「Linux版」をダウンロード

[2] ダウンロードしたファイルはtar.gz形式で圧縮されています。

図2-11　アーカイブを保存

[3] アーカイブをダブルクリックして、任意の場所に解凍します。この解凍場所は、後からフォルダを移動させるだけで、任意の場所に移動できます。

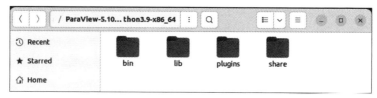

図2-12 アーカイブを解凍

[4] 「bin」フォルダの中に実行形式があるので、このフォルダを開くと、次のようにさまざまな実行ファイルがあります。

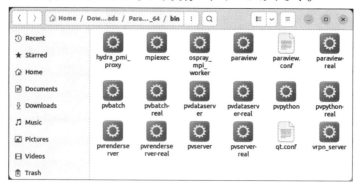

図2-13 実行ファイル

[5] 「paraview」をダブルクリックすると、「ParaView」が起動します。メインの画面は「Windows版」と同じなので、本文を参照してください。

第3章

基本操作

データの可視化を含む、「ParaView」のメ
ニューやボタンなどの基本的な操作を説明します。

3-1 単純な図形の描画

実際に単純な3次元モデルを作成しながら、操作の方法を確認します。

より実際に近いデータを読み込んで操作する方法は、別途、説明します。

まずは、「ParaView」を起動し、画面に何も表示されていないところから始めます。

■円錐の描画

手 順

[1]「Sources」メニューから「Alphabetical」または「Geometric Shapes」で「Cone」を選択します。

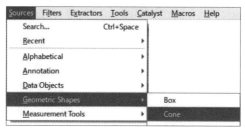

図3-1 「Cone」を選択

[2]「Properties」領域にいくつか項目が表示され、「Pipeline Browser」の「builtin:」の下に「Cone」という項目が追加されます。

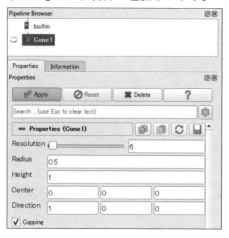

図3-2 「Pipeline Browser」と「Properties」

[3]「Properties」領域の「Apply」ボタンが有効になっているので、これをクリックします。すると、画面右に、3次元の「六角錐」が表示されます。

　また、「Pipeline Browser」に目のアイコンが表示され、現在、どのデータが表示されているかが示されます。

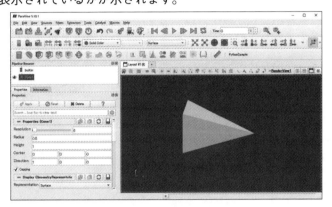

図3-3　「六角錐」の表示

[4] なぜ「六角錐」かというと、「Properties」の「Resolution」（解像度）という項目がデフォルトで「6」に設定されているためです。

　円錐に近づけるにはこの解像度を大きくします。「Resolution」を「500」に変更して、「Apply」ボタンをクリックしてください。

　これで、ほぼ円錐になったと思います。

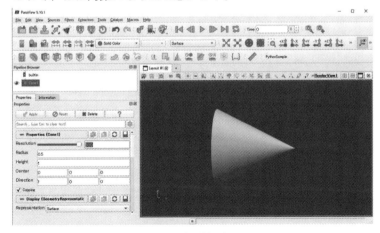

図3-4　「円錐」の表示

[5] 画面右のモデルの部分でマウスをドラッグすると、それに合わせて3次元モデルが回転します。

　また、表示されているオブジェクトを右クリックすると、コンテキスト・メニューが表示され、表示方法を切り替えることができます。

　マウスホイールを動かすと、拡大縮小を行なうことができます。

図3-5　表示のコンテキスト・メニュー

[6] 「Properties」の他の設定項目は、それぞれ、次のような意味を持ちます。値を変えて「Apply」ボタンをクリックして試してみてください。これらの項目は、表示しているデータに応じて変わります。

Radius	錐の半径。デフォルトは「0.5」で、「0.2」にすると、細い錐になる。
Height	錐の高さ。デフォルトは「1」で、「0.5」にすると、高さが低くなる。
Center	画面上に表示されている座標軸から平行移動したい場合に、XYZの座標を入力する。
Direction	錐の方向。デフォルトはとがった頂点がX方向。
Capping	チェックを外すと、錐の底面（多角形）がなくなる。

[7]「Properties」の隣の「Information」のタブをクリックします。ここには表示しているデータについての情報、たとえば、データの形式（Polygonal Mesh）、「セル数」「ポイント数」「使用メモリ量」などが表示されています。

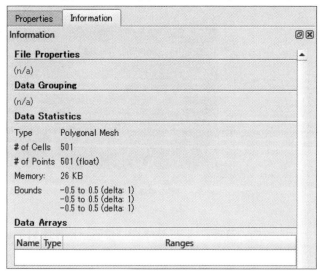

図3-6 「Information」タブ

　次のステップを試す前に、この円錐を消します。「Properties」の「Delete」ボタンをクリックしてください。円錐が消され、「Pipeline Browser」もクリアされて、初期状態に戻ります。

■球体の描画とフィルタの適用

「球体」を描画し、フィルタを適用します。

手　順

[1]「Sources」メニューから「Alphabetical」または「Geometric Shapes」で「Sphere」を選択します。
　「Properties」で「Apply」ボタンをクリックすると、少し角ばった「球体」が作られます。

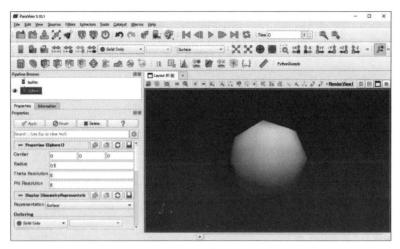

図3-7 荒い「球体」の表示

[2]「Properties」内の各項目は、「球体」の「位置」「解像度」「半径」などを示しています。

[3] 「Properties」の「Representation」は、3次元モデルをどのように表示するかを設定しています。

デフォルトは「Surface」という、面でモデルを覆う設定になっています。プルダウンから「Wireframe」を選びます。すると、モデルがワイヤーフレームで表示されます。

[4]現在、「球体」はデフォルトの色で塗られています。

「Properties」の「Coloring」の「Edit」ボタンをクリックすると、カラー・パレットが表示され、着色したい色を選んで「OK」をクリックすると、「球体」の色が変わります。

[5]「Styling」の「Opacity」は、表面を「半透明」にして表示できるオプションです。

「1」が不透明で、数値を小さくしていくことで、透明度が高くなっていきます。

このオプションは計算能力を必要とするため、半透明の状態で3次元モ

デルを回転させるにはそれに見合ったハードウェア・パフォーマンスが必要です。

[6]「Lighting」の「Specular」はライトの反射の状況を示します。「0」だと反射がなく、「1」にすると、モデルの表面がつるつるとした印象になり、ライトを反射します。

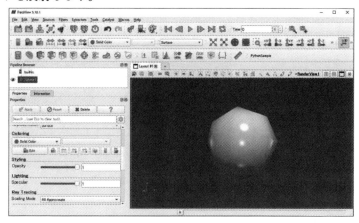

図3-8 「Specular」が「1」の場合

[7]「球体」により近い表示にするには、「Theta Resolution」(θ解像度)と「Phi Resolution」(φ解像度)の、両方の値を大きくします。

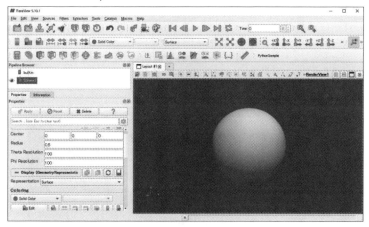

図3-9 スムーズな「球体」の表示

[8] 次に、「球体」を「平面」で切断します。

　(a) ツールバーの「Clip」ボタン か、(b)「Filters」メニューから「Common」あるいは「Alphabetical」の「Clip」を選びます。

　3次元表示画面に、オブジェクトを囲む「枠」と、「赤い線」で、切断面が表示されます。

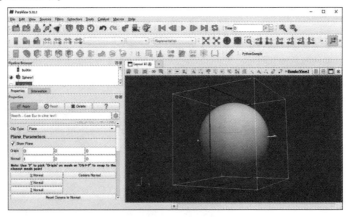

図3-10 「Clip」を選択

[9]「赤い線」をドラッグすると、切断面が「枠」に沿って平行移動します。

　「Properties」の「Apply」ボタンをクリックすると、その面で切断されます。

　切断面が表示されず、まだ「球体」として見えているときには、「Pipeline Browser」で「Sphere」が見えるようになっています。

　「Sphere」の「目」のアイコンをクリックして、表示されないようにし、「Clip」だけが表示されるようにしてください。

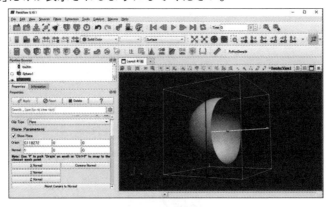

図3-11 「球体」の切断

[10]「Clip」を適用すると、切断面に垂直になるような「ハンドル」(線の先に小さな円錐があるもの) が表示されます。この小さな円錐を「ドラッグ」すると、切断面を斜めにすることができます。

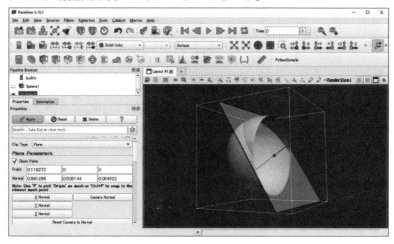

図3-12　斜めの切断面

[11] (a)「Pipeline Browser」から「Clip」を選んで「Properties」で「Delete」ボタンを押すか、(b)「Clip」をマウスの右クリックで選んでコンテキスト・メニューを表示し、「Delete」を選んで「Clip」フィルタを消します。

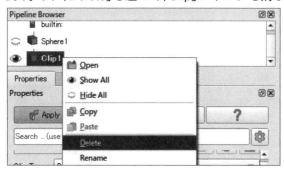

図3-13　コンテキスト・メニュー

■**物体の色付けとヒストグラム**

前の手順で作成した「Clip」フィルタを削除し、「Sphere」を表示しているところから始めます。

手 順

[1]「Filters」メニューの「Alphabetical」で「Elevation」を選択します。

[2]「Apply」を適用すると、ある方向に向かって「球体」にグラデーションが付けられます。これは、ある方向に向かうベクターの最小点と最大点の間に色を付けるというもので、「Properties」で両方の点を指定します。

[3] 配色を変えるには、「Properties」の[Coloring]で「Edit」ボタンをクリックします。「Color Map Editor」が開き、色合いやグラデーションのつけ方などを設定できます。この画面の詳細は後の章で説明します。

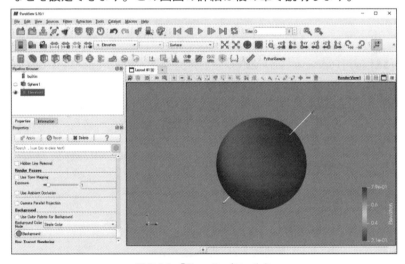

図3-14 「Elevation」フィルタ

[4]「Filters」メニューの「Data Analysis」で「Histogram」を選択します。

「Series Parameters」で選択した変数に合わせて、ヒストグラムが表示されます。これは図形に対して処理をするものではないため、「フィルタ」とは見えにくいですが、「Pipeline Browser」を見ていただくと、データに

対して処理を行なっているということで「フィルタ」です。

　ヒストグラムの上にマウスポインタを移動すると、その棒グラフの値が表示されます。　このヒストグラムはマウスで動かすことができ、軸のメモリはそれに追従します。「Series Parameters」で複数の変数を指定すると、複数の棒が表示されます。

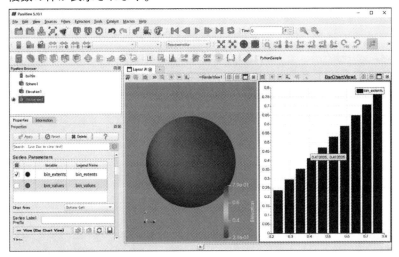

図3-15　「Histogram」フィルタ

3-2 　　　　　　　　　流体の描画

　実際の「ParaView」の使用現場でよく使われる、「流体」の描画を説明します。
データは「ParaView」の「examples」フォルダ内のデータを使って説明します。

手　順

[1]「File」メニューから「Open」を選択し、「disk_out_ref.ex2」を開きます（拡
張子「ex2」はExodusを示す）。「Apply」を適用すると円柱が表示されます。
　このデータはこの円柱の中に流動体が入っていて、熱により、内部を対
流することを示したデータです。
　「Properties」の変数のリストから「Temp」と「V」をチェックし、値を読み
込ませます。

図3-16 　「disk_out_red.ex2」を表示

[2] ツールバーの「Stream Tracer」のボタン 🔘 を選択します。
　「Properties」の「Vectors」で「v」（速度）を選択し、「Apply」をクリックし
ます。すると内部の流体の動きが、流線で表されます。
　外の円柱が表示されたままで内部が見えない場合は、「Pipeline
Browser」で目のアイコンをクリックして切り替えます。

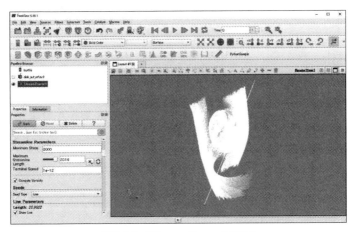

図3-17 「Stream Tracer」の適用

[3] これで流れの経路は見えるようになりましたが、流れの速さや温度などの様子が分かりません。そこで、変数の値に応じてこの流線に色を付けてみます。

「Properties」の「Coloring」で「v」「Magnitude」を選択すると、「v」の大きさに合わせて色が付けられます（画面は、解像度を落とし、白黒印刷でも濃淡が分かりやすくなるように「Tube」フィルタを適用して線を太くしています）。

画面上では上部がvの値が小さく、下部がvの値が大きくなっています。

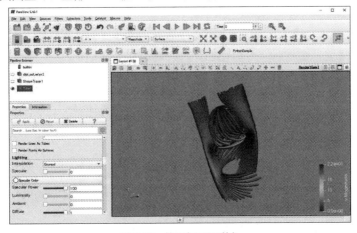

図3-18 値に合わせて着色

[4] この流線は方向を示すものが表示されていないため、矢印の「グリフ」を追加してみます。

ツールバーの「Glyph」のボタン◆をクリックします。

「Properties」で「Glyph Type」を「Arrow」に設定し、「Orientation Array」と「Scale Array」を「v」にします。グリフが大きすぎないように「Scale Factor」を「0.1」にして、「Apply」をクリックすると次のようなグリフが表示されます。

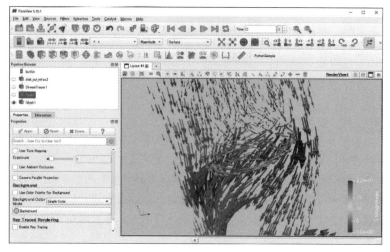

図3-19 グリフを表示

[5] 特定のスライス面でのベクトルの方向や強さの分布はどのようになっているでしょうか。スライスして観察してみます。

まず、ここまで適用してきたフィルタを「Delete」ボタンで削除します。

[6] 「Pipeline Browser」で「disk_out_ref.ex2」が選択されている状態で、「Properties」の「Representation」を「Wireframe」にします。

[7] ツールバーから「Slice」のボタン　をクリックします。

スライス面をXY平面にしたいため、「Properties」で「Z Normal」をクリックします。

スライス面のZ座標を調整します。「Apply」をクリックして、スライス

面を表示します。

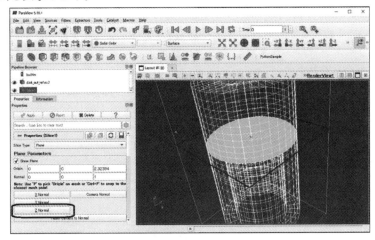

図3-20　流線とスライス面を表示

[9]「Pipeline Browser」で「Slice」を選択し、「Properties」の「Coloring」で、「v」を「Magnitude」に設定して適用すると、その面の強度に応じて色付けされます。

　次の画面では、外側のvの値が高く、内側のvの値が小さくなっていることが分かります。

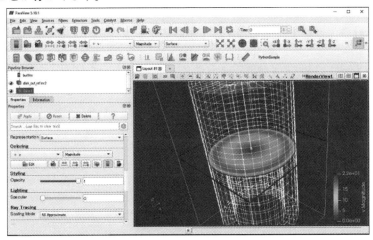

図3-21　スライス面に着色

[10] ツールバーから「Glyph」をクリックし、「Properties」で「Glyph Type」を「Arrow」、「Orientation Array」を「v」、「Scale Array」を「v」にしての項目が「V」であることを確認して、「Apply」をクリックします。

ワイヤーフレームを消して表示を拡大してみると次のようになり、方向がよくわかります。

このスライス面では、外側はvが大きく、下方向に流れ、中央部はゆっくりと上方向に流れていることが見て取れます。

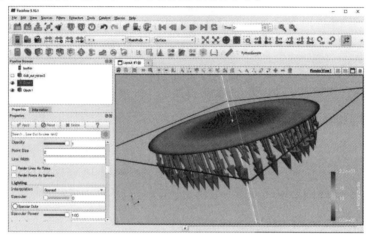

図3-22　スライス面のベクトルの方向

[11] フィルタをいったんすべて削除し、今度は、円柱を縦にスライスします。

スライス面がよく見えるようにし、「Properties」の「Coloring」で「Temp」を選択します。

流体の速さではなく、温度に従って着色されました。外側は温度が低く、内側の円柱の上面付近の温度が高いことが分かります。

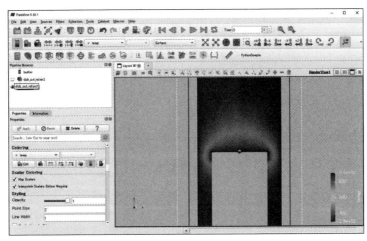

図3-23　スライス面の温度

3-3　アニメーションの描画（構造系データ）

データは、「ParaView」の「examples」フォルダ内のデータを使って説明します。

手　順

[1]「File」メニューから「Open」を選択し、「can.ex2」を開きます。「Apply」
を適用すると3次元画像が表示されます。

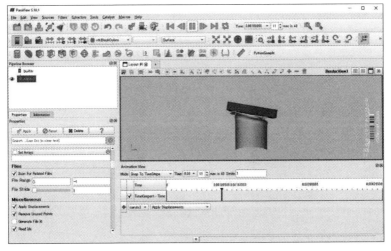

図3-24　「can.ex2」の画像

[2] このデータには、時間の要素が含まれています。

「View」メニューの「Animation View」を選びます。3次元表示の下に「Animation View」が表示されます。

ツールバーの再生ボタンを押すと、空き缶がつぶれていくアニメーションが再生され、それに合わせて「TimeKeeper」が動きます。

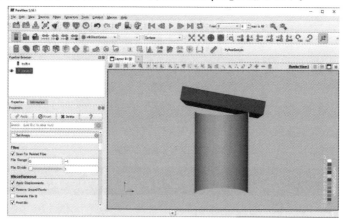

図3-25　アニメーション再生中

[3] 今は、一方向にカメラを固定しましたが、再生しながら、カメラ位置をぐるっと一周するアニメーションに変更してみます。

「Animation View」の「+」マークがついている行で、「Camera」を選択し、「Orbit」を選択し、「+」マークをクリックします。「Create Orbit」ウィンドウが表示されるので、とりあえずこのまま「OK」をクリックします。

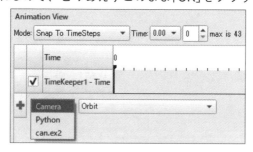

図3-26　カメラを動かしながら再生

[4] アニメーションを再生すると、対象の周りをカメラが回りながら、アニメーションが再生されます。

3-4 データの抽出

　ここでは3次元のデータから、特定の線分上の値をXYグラフにしたり、特定の点の時間による値の変化をXYグラフにする方法を説明します。

　データは、「ParaView」の「examples」フォルダ内のデータを使って説明します。

■線分上の値からXYグラフを作成

　手　順

[1]「File」メニューから「Open」を選択し、「disk_out_ref.ex2」を開きます。
　「Properties」の「Block」「Block Arrays」「Sets」すべてチェックをしておきます。
　「Apply」を適用すると円柱が表示されます。

[2] XY面に平行なスライス面を作成します。「Properties」の「Data Axes Grid」をチェックして、座標軸を表示します。

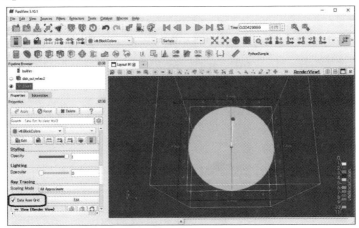

図3-27　スライス面の指定

[3]「Filters」メニューから「Plot Over Line」を選択するか、ツールバーから「Plot Over Line」のボタン をクリックします。

　線分の両端はマウスでドラッグして移動することができます。線分の位置が確定したら「Apply」をクリックします。

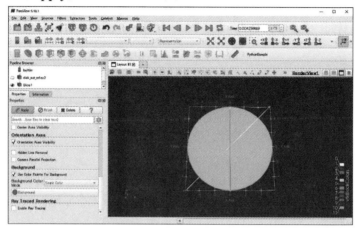

図3-28　「Plot Over Line」の適用

[4] 右に「XY Plot View」が開き、その線分上の値が表示されます。

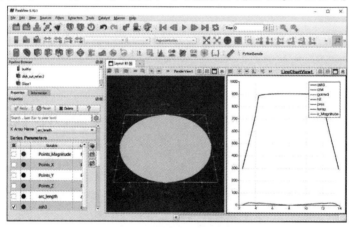

図3-29　線分上の値を示したXYプロット

[5] ここでは「v」の「Magnitude」だけを、表示するように変更します。

「Pipeline Browser」で「PlotOverLine」が選択されている状態で、「Series Parameters」リスト内の「v_ Magnitude」以外の選択を解除します。

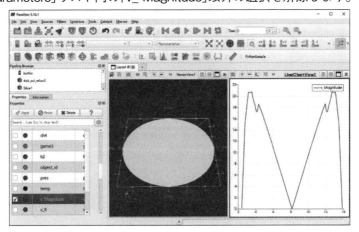

図3-30　XYプロットにv_Magnitudeのみ表示

■特定の点の値の時系列のグラフを作成

手 順

[1]「File」メニューから「Open」を選択し、「can.ex2」を開きます。
「Properties」の「Block」「Block Arrays」をすべてチェックしておきます。
「Apply」を適用すると円柱が表示されます。

[2] 3次元表示の「Representation」を「Wireframe」にします。

タブの上部の小さなボタンの並びから、「Select Cells On (s)」をクリックします。

ワイヤーフレーム上の特定の部分を矩形範囲指定すると、そこに含まれるセルが選択されます(デフォルトではピンク色になります)。

図3-31　セルやポイントの選択

[3]「Filters」メニューから「Plot Selection Variables Over Time」を選択するか、ツールバーから「Plot Selection Variables Over Time」のボタン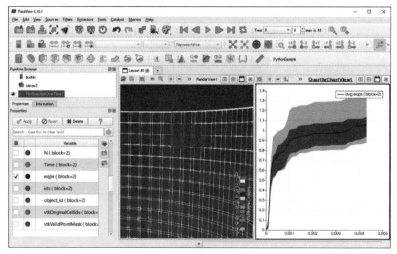をクリックします。

　XYプロット側に表示するデータを選択すると、次の画面のように時間による変数の変化を見ることができます。

図3-32　時系列データのプロット

3-5　　　データの読み書き

「ParaView」がサポートしているファイル形式は、次の表のようになります。

「ParaView」のバージョンによって、サポートしている形式が変わるため、確認が必要です。

また、独自のファイル形式をサポートしたい場合には、リーダー・モジュールを開発することで、サポートできます。

実際には、「ParaView」側ではなく、独自開発のソフトウェア側で、「ParaView」が読みやすい形式を生成することが多いようです。

表3-3　「ParaView」がサポートしているファイル形式 [部分]（「ParaView 5.10」に基づく）

・VTKファイル

拡張子	ファイル形式	説　明	読み込み	書き出し
pvd	ParaViewデータ・ファイル	「ParaView」のファイル形式。ポリゴン、直行直線、非直行直線、曲線格子、非構造データをサポートしている。	○	○
vtp / vti / vtr / vts / vtu	VTKファイル	VTKの標準フォーマットでXML形式。「vtp」はポリゴン・データ、「vti」は直行直線データ、「vtr」は非直行直線データ、「vts」は構造データ、「vtu」は非構造データ。	○	○
pvtp / pvti / pvtr / pvts / pvtu	パラレルVTKファイル	VTKファイルのパラレル・バージョン。分散処理用の情報などが追加で含まれている。VTKファイルの拡張子に「p」(partitioned)が付けられている。	○	○
vtm / vtmb / vth / vthb	VTKマルチブロック・ファイル	VTKファイルのマルチブロック、マルチグループ、階層、階層ボックス・バージョン。「vtm」「vtmb」はマルチブロック・ファイル、「vth」「vthb」は階層ファイル。	○	○
vtk / pvtk	古いVTKファイル	「VTK 4.2」よりも前のVTKのファイル。「pvtk」はパラレル・バージョン。		

・他のソフトウェアのファイル形式

拡張子	ファイル形式	説明	読み込み	書き出し
nc / cdf / elev / ncd	ADAPT / NetCDF 等のファイル	ネットワーク共通データ形式。	○	
inp	ANSYS入力ファイル / AVSバイナリファイル	ANSYS社のソフトウェアの入力用ファイル形式。AVS社ソフトウェアでも使用される。	○	
case	EnSightファイル	CEI社のプリポスト「EnSight」のファイル形式。	○	
sos	EnSightマスター・サーバ・ファイル	「EnSight」のパラレル・バージョンの形式で、このファイルが複数の「case」ファイルを指す。	○	
G / e / ex2 / ex2v2 / exo / gen / exoll	IOSS ファイル (ExodusII)	IOSSのファイル・フォーマット。「ExodusII」で使われている。	○	
g	BYUファイル	CADシステムなどにおいて3Dポリゴンの可視化に使われるファイル。ポリゴン・データのみ処理できる。	○	
dyn / lsdyna / d3plot	LS-Dynaファイル	構造解析ソフトウェア「LS-DYNA」のファイル形式。	○	
xyz / p3d	PLOT3Dファイル	「PLOT3D」(NASAが開発)のファイル形式。「xyz」がジオメトリ・ファイルで、「p3d」がメタファイル。	○	
facet	Facetポリゴンファイル	点の座標と点をつなぐ情報を持つ、単純なASCIIファイル。	○	
ply	PLYポリゴンファイル	スタンフォード大学のポリゴン記述ファイル形式。	○	
3df / mer	GGCMファイル	非線形拘束ソルバ「GGCM」のファイル形式。	○	
cas	FLUENT Caseファイル	数値流体力学ソフトウェア「FLUENT」のファイル形式。	○	
h5	CONVERGEファイル	節流体解析「CONVERGE」のファイル形式。	○	
cube	Gaussian Cubeファイル	量子科学計算ソフトウェア「Gaussian」のファイル形式。	○	
res / nc	MFiXファイル	熱流体・化学反応用コード「MFiX」のファイル形式。	○	
mm5	MM5ファイル	大気シミュレーション・モデル「MM5」のファイル形式。	○	

拡張子	ファイル形式	説明	読み込み	書き出し
nas / f06	NASTRANファイル	有限要素法ソフトウェア「NASTRAN」のファイル形式。	○	
nek3d / nek2d / nek5d / nek5000	Nek5000ファイル	「Nek5000」(アルゴンヌ研究所が開発したCFDソルバ)のファイル形式。	○	
foam	OpenFOAMファイル	オープンソースのCFDソフトウェア「OpenFOAM」のファイル形式。	○	
neu	PATRANファイル	MSC社のプリポスト「PATRAN」のファイル形式。	○	
h5	PFloTranファイル	地下反応フローソフトウェア「PFloTran」(ロスアラモス研究所が開発)のファイル形式。	○	
samurai	Samurai Graphファイル	オープンソースのグラフ作成ソフトウェア「Samurai Graph」のファイル形式。	○	
plt	Tecplotファイル	プリポスト・ソフトウェア「Tecplot」のファイル形式。	○	
okc	Xmdv Toolファイル	オープンソースの2次元グラフソフトウェア「Xmdv Tool」のファイル形式。	○	

・一般のファイル形式

拡張子	ファイル形式	説明	読み込み	書き出し
mf / xdmf	XDMFファイル	「eXtensible Data Model and Format」の意味で、データ標準として使われる。メタデータは「XML形式」で、属性の配列は「HDF5形式」。直線と非構造格子をサポートしている。	○	○
vrml	VRMLファイル	VRML 2.0形式ファイル。ジオメトリだけを読み込むことができる。	○	
jpg / jpeg	JPEGファイル	JPEG画像ファイル。	○	
png	PNGファイル	PNG画像ファイル。	○	
Tif /tiff	TIFFファイル	TIFF画像ファイル。	○	
pdb	タンパク質データバンク・ファイル	「Protein Data Bank」を指し、タンパク質分子の構造を指す。	○	

3-6　インターネット上のデータを使ってみる

サンプルで付属している以外のデータをインターネット上から探してきて「ParaView」で表示してみます。

下記のリンクは執筆時点のものですので、データが削除されていたり、移動していたりすることもあり、注意してください。

■タンパク質データバンク

タンパク質の構造を、3次元で「ParaView」内に表示することができます。

手順

[1] Webブラウザで「https://s3.rcsb.org/#pub/pdb/data/」に接続します。

この下には「assemblies」「biounit」「bird」「component-models」「monomers」「status」「structures」のフォルダがあります。

この中の「biounit/coordinates/divided/00/100d.pdb1.gz」のデータを使ってみます。

「gz形式」で圧縮されているので、解凍しておきます。

その後、拡張子を、「pdb1」から「pdb」に変更します。

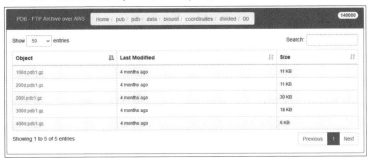

図3-33　PDBデータベース

[2] 「ParaView」の「Open」で、ダウンロードしたファイルを開きます。

pdbファイルは、いくつかの方法で読み込むことができます。

[3] 「PDB Reader」はParaViewの持つリーダーです。表示結果は次のように、原子番号で色付けされて表示されます。

「Output0」はワイヤーで、「Output1」は球体で表示されます。

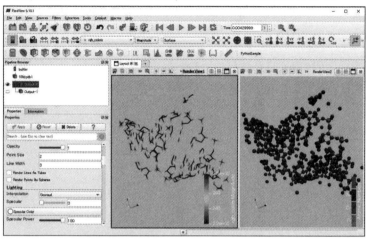

図3-34 右「Output0」・左「Output1」

■CGNSデータ

数値流体力学でよく使われているCGNS（CFD General Notation System）データは、「ParaView」でもよく可視化されています。

手　順

[1] Webブラウザで「https://cgns.github.io/CGNSFiles.html」に接続します。

この下には、構造格子、非構造格子のさまざまなデータがあります。

この中の「Structured, 1 block, 3-D Delta Wing, with cell centered solution - see also delta_vertex.cgns.gz with solution at vertices」のデータ（delta.cgns.gz）を使ってみます。

「gz形式」で圧縮されているので、解凍しておきます。

[2]「CGNS Series Reader」「IOSS Reader」がParaViewには実装されています。ここでは「CGNS Series Reader」を使って読み込み、直行した2つのスライス面を表示して色を付けました。

見やすくするために、配色は調整しています。

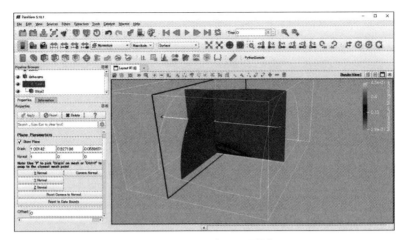

図3-35　CGNSデータの可視化

第**4**章

各機能の解説

「ParaView」には多くの機能があり、また、その機能も可視化するデータによって設定できる項目が変わります。

本章では、それらの機能を個別に見ていきます。

4-1　　　　　　　　メニュー

ここでは、メイン画面の「メニュー項目」について説明します。

■[File] メニュー

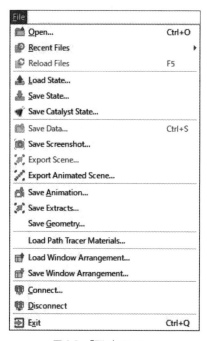

図4-1　「File」メニュー

●Open

通常のオフィス製品などと同様にデータ・ファイルを開きます。

ファイルを選択する画面で、それがどの形式のファイルかを指定します。

Windowsの場合は、「Crtl+O」のショートカットがあります。

(フォルダ名やファイル名に日本語が入っていると、エラーとなって読み込めないことがあります。ファイル名、フォルダ名には日本語を使うのは避けたほうがいいでしょう。)

●Recent Files

[Open]で最近開いたファイルのリストが表示されます。

スタンド・アロンで動作している場合は、「builtin:」のリストにファイル名がファイル・パスとともに表示されます。

「ParaView」サーバに接続している場合は、「cs://<ホスト名>」のリストに、ファイル名がファイル・パスとともに表示されます。

●Reload Files

「Pipeline Browser」で現在選択されているファイルを再読み込みします。

「Pipeline Browser」でフィルタを選択している場合には、グレイアウトされます。

●Load State

[Save State]で保存してある「State」ファイルを読み込みます。「State」ファイルの拡張子は、「pvsm」(ParaView State file)です。

●Save State

現在の「ParaView」の状態を示した「State」ファイルを保存します。可視化する際の特定の設定やアプリケーションの状態を保存します。

●Save Data

現在表示しているデータを、データ・ファイルとして保存します。

「ParaView」が保存可能なファイル形式で保存することができます。読み込んだ時と違うデータ形式で保存できるため、データの変換ツールとしても使うことができます。

●Save Screenshot

画面をキャプチャできます。

次のダイアログで、どのようにキャプチャするかを設定できます。

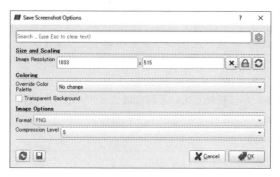

図4-2 「Save Screenshot Options」画面

Size and Scaling	画像のサイズを指定する。右側のボタンは縦横比を固定する。
Coloring	透明を含む背景色を設定する。
Image Options	1（低品質）～100（高品質）で画像の品質を設定する。

　画像は、「PNG」「BMP」「TIFF」「JPG」「VTK」形式で保存できます。

●Export Scene

　3次元データをエクスポートできます。3次元のモデリング・データとしてよく使われる「POV」「VRML」「X3D」形式や、2次元の「EPS」「PDF」「SVG」で書き出すことができます。

EPS（2次元）	2次元のベクトル・データ形式（PostScript形式）。印刷に適しており、Adobe社製のソフトウェアでの読み込みに便利。
PDF（2次元）	文書のやり取りではなじみ深いファイル形式。
POV（3次元）	「Persistence of Vision」の略で、POV-Rayレイ・トレーシング形式。ファイル形式の詳細やリーダーなどのアプリケーションは、Persistence of Vision Raytracer社のサイト（http://www.povray.org/）からダウンロードできる。 図4-3　POV-Ray for Windowsで開く

PS（2次元）	PostScript形式ファイル。GhostScriptなどで表示したり、PostScriptプリンタに直接出力することで印刷できる。
SVG（2次元）	「Scalable Vector Graphics」の略で、XMLベースの2次元ベクトル形式。
VRML（3次元）	3次元ファイル形式では馴染み深いファイル形式。「Virtual Reality Modeling Language」の略。
X3D（3次元）	XMLベースの3次元グラフィックス形式。 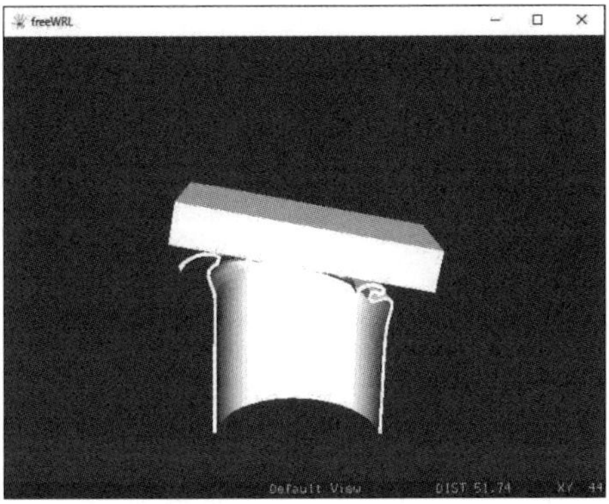 図4-4　X3Dを「FreeWRL」で開く
X3DB（3次元）	X3Dのバイナリ形式のフォーマット。

●Export Animated Scene

　アニメーションをVTKのJSON形式でエクスポートできます。

　Webブラウザで表示するシステムなどで利用できます。

●Save Animation

アニメーションを保存します。

「Image Resolution」（アニメーションの解像度）、「Frame Rate」（フレーム数/秒）、「Bit Rate」（ビットレート）を設定できます。

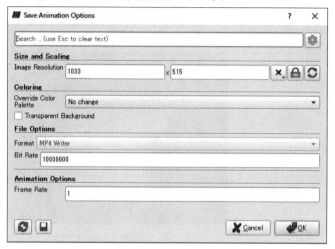

図4-5 「Animation Options」ダイアログ

●Save Extracts

「Extract」メニューで設定された形式で、アニメーションを保存できます。
「Pipeline Browser」に「Extractor」が設定されている必要があります。
JPEG画像で保存するとパラパラ漫画のような画像が生成されます。

図4-6 「Pipeline Browser」の「Extractor(JPEG)」

●Save Geometry

アニメーションで作られたジオメトリを、「PVD形式」(ParaViewデータ形式)で保存できます。

●Load Path Tracer Materials

OSPRayでレイトレーシングするときの素材データ(JSON形式)を読み込みます。

「ParaView」がインストールされているフォルダの「Materials」フォルダにサンプルがあります。

●Load Window Arrangement

保存されている「ParaView」のウィンドウ配置(.pwin)を読み込みます。

●Save Window Arrangement

「ParaView」のウィンドウ配置を保存します(.pwin)。

●Connect

この「ParaView」をクライアントとして、別のマシン上で動作している「ParaViewサーバ」(pvserver)に接続します。

複数のサーバをリストに追加することができ、サーバ・データを「ParaViewサーバ設定ファイル」(拡張子:pvsc)として保存できます

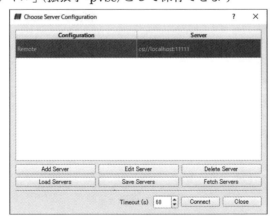

図4-7 「Choose Server」ダイアログ

●Disconnect

「ParaView サーバ」への接続を切断します。サーバから切断すると、サーバ上動作しているプロセスも終了します。保存されていないメモリ上のデータなどは失われます。

●Exit

「ParaView」を終了します。

■[Edit] メニュー

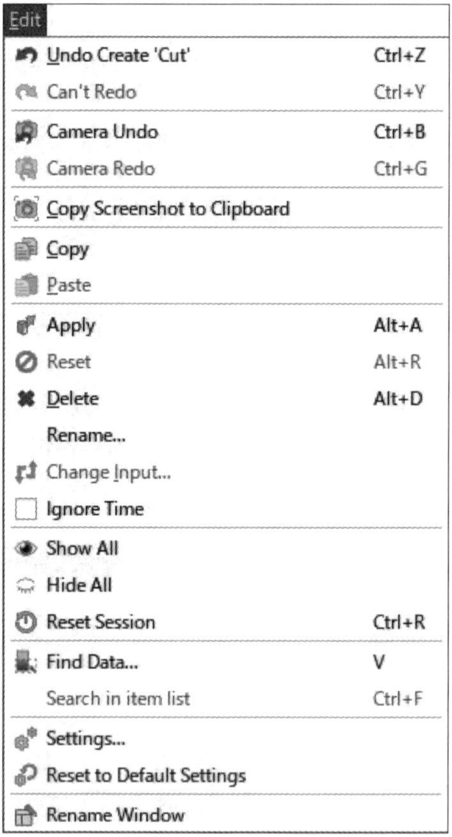

Edit	
↪ Undo Create 'Cut'	Ctrl+Z
↷ Can't Redo	Ctrl+Y
Camera Undo	Ctrl+B
Camera Redo	Ctrl+G
Copy Screenshot to Clipboard	
Copy	
Paste	
Apply	Alt+A
Reset	Alt+R
✖ Delete	Alt+D
Rename...	
Change Input...	
Ignore Time	
Show All	
Hide All	
Reset Session	Ctrl+R
Find Data...	V
Search in item list	Ctrl+F
Settings...	
Reset to Default Settings	
Rename Window	

図4-8 「Edit」メニュー

●Undo XXXXX/Redo XXXXX

「アンドゥ/リドゥ」です。これらが使えないときは、グレイアウトされて、[Can't Undo/Can't Redo]のようになっています。

フィルタなどの処理に適用され、表示の方向のアンドゥ/リドゥは[Camera Undo/Camera Redo]で行ないます。

●Camera Undo/Camera Redo

カメラ位置（表示方向）のアンドゥ/リドゥです。これらが使えないときは、グレイアウトされます。

●Apply/Reset/Delete/Rename

「Rename」以外は「Properties」の上部にあるボタンと同じです。

●Change Input

「Pipeline Browser」でフィルタが選択されているときにのみ、有効になります。そのフィルタに入力されるデータを変えるときに使います。

●Ignore Time

アニメーションにおける時間要素を無視します。

このメニューが「オフ」になっていると、アニメーションが時間軸に沿って順に再生されます。「オン」になっていると、最初と最後の状態だけが表示され、途中経過のアニメーションが再生されません。

● Find Data

データを検索し、該当するデータを表示し、また、可視化領域でその部分を指定した色でハイライトします。

図4-9 「Find Data」ペイン

Create Selection	「どの変数をどのような条件で検索するか」を選択。「Find Data」をクリックして検索を実行。
Selected Data	検索結果を表示。また、可視化領域では該当する部分がハイライト。選択されたデータの抽出や時系列プロットなどを作成するボタンがある。
Selection Display	可視化領域での表示方法を設定。「ハイライト色」「セルのラベル」「点のラベル」を設定可能。歯車の付いたボタンをクリックすると、点の大きさ、文字の属性を変更できる。

●Settings

「ParaView」全体の設定を行ないます。各項目には説明があるのでわかりやすいと思います。バージョン 4.x の時と大きく項目が変わっている箇所もあります。詳細は次章で説明します。

■[View] メニュー

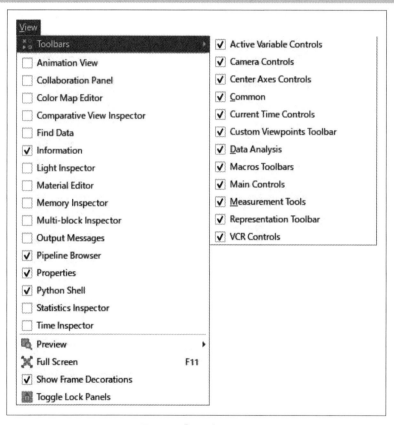

図4-10 「View」メニュー

●Toolbars

各種のツールバーの「表示/非表示」をコントロールします。各ツールバーの説明は「ツールバー」の項で行ないます。

●Animation View / Collaboration Panel / Color Map Editor / Comparative View Inspector / Find Data / Information / Light Inspector / Material Editor / Memory Inspector / Multi-block Inspector / Output Messages / Pipeline Browser / Properties / Python Shell / Statistics Inspector / Time Inspector

各ビューを開きます。詳細は「ビュー」の説明を参照してください。

●Preview

作成したシーンなどをプレビューするときの、画面の解像度を指定します。

●Full Screen

「ParaView」をフルスクリーン・モードにします。「Esc」キーで元に戻すことができます。

●Show Frame Decorations

オブジェクトが表示されている画面にあるボタンの表示/非表示を設定します。少しでも画面を広く使いたいときに使います。

●Toggle Lock Panels

画面のペインを別ウィンドウに切り離せるかを切り替えます。表示画面上部の小さなボタン回の表示も切り替わります。

■[Sources] メニュー

データ・ファイルなどの他の入力ファイルを使うことなく、オブジェクトを
作るときに使います。

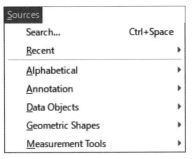

図4-11 「Sources」メニュー

●Search

ソースやフィルタのなどのオブジェクトを検索します。文字を入れるごとに
徐々に絞り込まれていきます。

画面は「s」を入力したところです。「Enter」キーで検索、「Esc」でダイアログ
が閉じます。

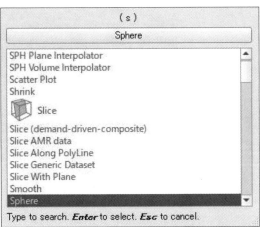

図4-12 「Search」画面

●Recent

最近使ったフィルタやオブジェクトが表示されます。10個まで表示され、古いものから消えていきます。

●Alphabetical

アルファベット順にすべてのソースオブジェクトが列挙されています。機能別の分類されたものは、以降に説明するメニュー項目です。

●Annotation

・3D Text

3次元表示の中にテキストを表示します。

デフォルトは「3D Text」です。日本語は表示できません。「a-z」「A-Z」「0-9」の半角文字を入力することができます。表示すると「2D」になっていることがあります。画面の上の「2D/3D」ボタンで切り替えてください。

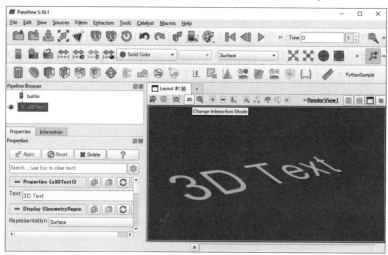

図4-13　3次元のテキスト表示

・Annotate Time

画面上に、アニメーションなどで使う時間の経過を表示します。

「Time:」の部分は変更することができます。「{time:f}」に、小数点の数値で表された時間が入ります。

・Arrow

3次元の矢印を表示します。3Dの図で何かを示すようなときに使います。

「傘の長さ」(Tip Length)、「傘の太さ」(Tip Radius)、「軸の太さ」(Shaft Radius)などを設定できます。

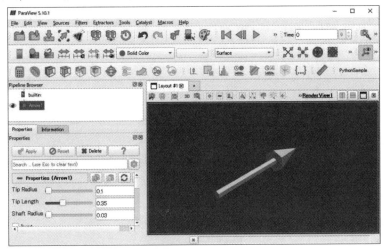

図4-14　Arrow

・Logo

画面上にロゴ（たとえば、会社ロゴなど）を表示します。.png、.jpg、.bmpなどを指定します。

3Dで回転させても、ロゴは回転しません。

・Text

凡例のような形でテキストを表示します。

「3D Text」とは違い、3次元で回転させることはできません。

●Data Objects

・AMR GaussianPulse Source

ガウシアンパルスを表示します。

2次元/3次元の生成でき、パルスの原点、幅、強度を設定することができます。

図4-15　ガウシアンパルス(3D Glyphs)

・Data Object Generator

「vtkDataObjectGenerator」の仕様に基づいた文字列からデータ・オブジェクトを生成します。

文字列は、次のような意味を持ちます。詳細はVTKのドキュメントなどを参照してください。

ID1	vtkImageData
UF1	vtkUniformGrid
RD1	vtkRectlinearGrid
SD1	vtkStructuredGrid
PD1	vtkPolyData
UG1	vtkUnstrcturedGrid

たとえば、次のように記述すると、図のようなオブジェクトが表示されます。

```
HB[(UF1)(UF1)(UF1)]
```

「HB[]」(vtkHierarchicalBoxDataSet)、「MB{}」(vtkMultiBlockDataSet)、「HD<>」(vtkHierarchicalDataSet)を使うことができます。

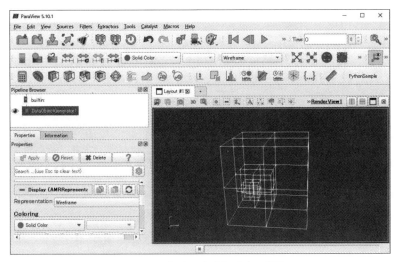

図4-16　データ・オブジェクトの表示

・Fast Uniform Grid
　3次元の一様なグリッドを生成します。

・Hierarchical Fractal
　「直行直線」と「非直行直線」データの集合体を生成します。

　合成データセットのそれぞれのデータセットは、同じディメンションを持っていますが、原点と間隔が違います。

　セル中心のフラクタル列を作るために、「Mandelbrot」(マンデルブロー)ソースを使っています。

　集合体内のデータセットの「X/Y/Z」の、

Dimensions	ディメンション
Fractal Value	CTHボリュームの比率
Maximum Level	精度のレベル
Ghost levels	ゴースト・レベルのオーバーラップ
Two Dimensional	出力データの2/3次元の切り替え
Asymetric	X軸だけを2ユニット大きくする
Rectilinear Grids	直行直線ではなく非直行直線を生成
Time Step	Mandelbrot計算のオフセット

などを設定できます。

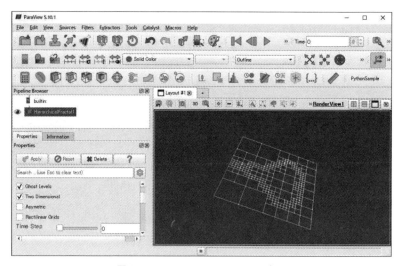

図4-17　Hierarchical Fractalの表示

・Hyper Tree Grid / Hyper Tree Grid (Random)

　ハイパーツリーグリッド（vtkHyperTreeGridで生成されるツリーベースの
AMRグリッド）を生成します。

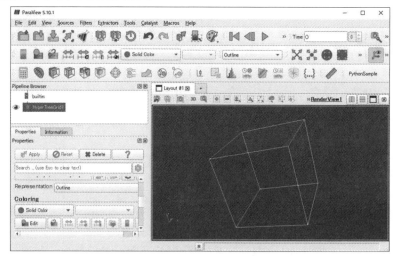

図4-18　Hyper Tree Gridの表示

・Live Programmable Source

Pythonで書かれたプログラムを読み込みます。

「出力されるデータセット形式」(Output Data Set Type)、「読み込むスクリプト」(Script)などを指定します。

「データセット形式」は、入力と同じ形式「vtkPolyData」「vtkStructuredGrid」「vtkRectilinearGrid」「vtkUnstructuredGrid」「vtkImagedata」「vtkMultiblockdataSet」「vtkHierarchicalBoxdataSet」「vtkTable」から選ぶことができます。

たとえば、VTKの次のサンプルを表示すると、図のようになります。

Pythonプログラムの部分を「Script:」の欄にペーストして、「Apply」をクリックします。

```
http://www.vtk.org/Wiki/Python_Programmable_Filter#generating_
Data_.28Programabble_Source.29
```

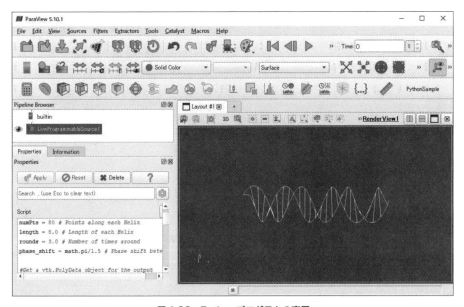

図4-20　Pythonプログラムの表示

・Mandelbrot

2次元の「Mandelbrot」を表示します。

画面設定が3次元表示になっている場合は、別の画面が開いて表示されます。

Projection Axes	3次元への投影
Origin CX	実数と虚数の表示と初期値
Size CX	各値の出力の長さ
Maximum Number of Iterations	値が2以上になるかどうかを判断する最大反復数
Subsample Rate	サブ・サンプリングのレート

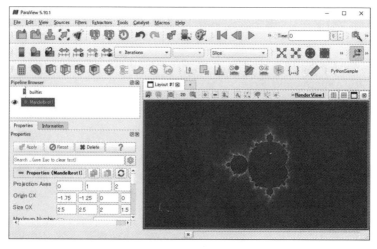

図4-19　Mandelbrotの表示

・Wavelet

次の時間関数に従って変化する値をもつ、「3次元」の「直交直線グリッド」を
生成します。

$$OS = M * G * (XM * sin(XF * x) + YM * sin(YF * y) + ZM * cos(ZF * z))$$

OS	出力スカラー
M	最大値
G	ガウシアン
XM/YM/ZM	X/Y/Zの大きさ
XF/YF/ZF	X/Y/Zの周波数

2次元表示の場合には「Wavelet」が表示され、3次元表示の場合には「外枠」
が表示されます。

「出力データの範囲」(Whole Extent)、「原点」(Center)を設定できます。

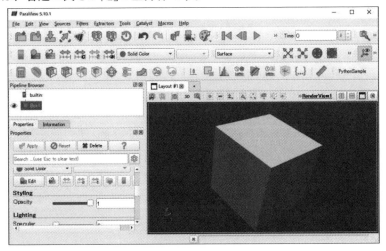

図4-21　Waveletの表示(クリップしたところ)

●Geometric Shapes

・Box

「直方体」を表示します。

「各辺の長さ」(X/Y/Z Length)と「表示位置」(Center)を設定できます。デフォルトは、各辺の長さが「1」の立方体です。

図4-22　立方体の表示

・Cone

「錐」を表示します。「解像度」(Resolution)[最大:512]を上げていくと、「円錐」に近くなります。

「半径」(Radius)、「高さ」(Height)、「表示位置」(Center)を設定することができ、「Capping」のチェックを外すと、錐の底の面がなくなります。

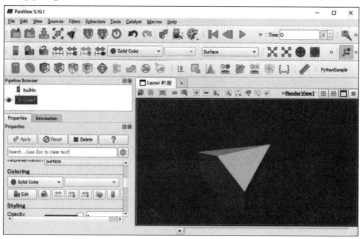

図4-23　角錐の表示

・Cylinder

「角柱」を表示します。

「解像度」(Resolution)[最大:512]を上げていくと、「円柱」に近くなります。

「半径」(Radius)、「高さ」(Height)、「表示位置」(Center)を設定することができ、「Capping」のチェックを外すと、両端の面がなくなります。

・Disc

「円(多角形)盤」を生成します。

中心部分がない、"ドーナツ状"の2つの同心円を描き、その間を面で表現します。

・Ellipse

「楕円」を生成します。楕円率を設定できます。

・Line

線分を表示(Show Line)します。

「視点」(Point1)、「終点」(Point2)の位置や、「どの軸に平行な線分を引くか」(X/Y/X Axis)を指定することができます。

・Outline Source

枠線を表示します。デフォルトは各辺の長さが「1」の「立方体」です。

・Plane

3次元の平面(長方形)を表示します。

デフォルトは各辺の長さが「1」の、X-Y平面の正方形です。

「平行四辺形」は最小解像度(X/Y Resolutionが1)でも問題なく表示できますが、フィルタの入力として使うときには、解像度を上げることも意味があります。

「原点」(Origin)、「点1」(Point1)、「点2」(Point2)を指定し、その3点で長方形を構成します。

・Point Source

指定された原点のある半径の円/球の中に指定された数の点を生成します。

「原点」(Point)、「点の数」(Number of Points)、「半径」(Radius)などを設定することができます。

・Poly Line Source

指定された点で折れ曲がった線を生成します。

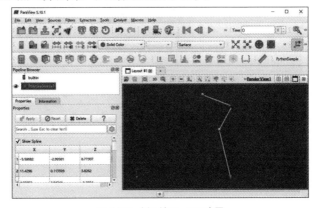

図4-24　折れ線ソースの表示

・Poly Point Source

指定された複数の座標で点を生成します。

・Sphere

すでに説明した「球体」を表示します。「球体」の「中心」(Center)、「半径」(Radius)、「縦横の解像度」(Theta/Phi Resolution)、「縦横の描画範囲」(Start/End Theta、Start/End Phi)を設定できます。

・SplineSource

「直線」または「曲線」を生成します。

「Properties」の「+」ボタンをクリック、または図内で「Ctrl+左クリック」でコントロールポイントを追加すると、曲線のコントロールができます。

「Closed」をクリックすると、閉じた曲線になります。

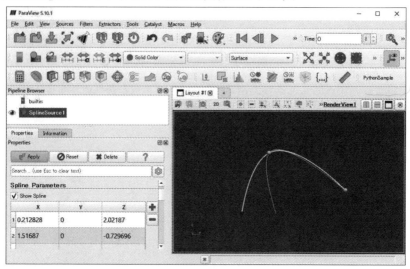

図4-25 「SplineSource」の表示

・Superquadric

「超2次楕円体」(ドーナツ状の形状)を生成します。「球体」と同じように、「解像度」や、「直径」などを設定できます。球体の「中心」(Center)、「縦横の解像度/丸さ」(Theta/Phi Roundness)を設定できます。

「Toroidal」チェックボックスは、穴を開けるかを設定します。

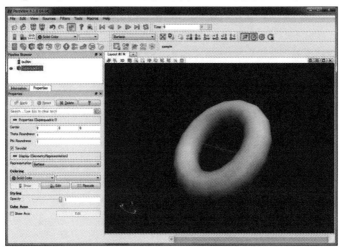

図4-26 「Superquadric」の表示

●Measurement Tools

・Axes

XYZの軸を表示します。

「Object Inspector」で、「大きさ」(Scale Factor)、「原点」(Origin)や「対象」(Symmetric)などを設定できます。

・Ruler

2点間の距離を表示する線分です。

ある2点(Point1/Point2)を指定すると、「距離」(Distance)が表示されます。「X/Y/Z Axis」ボタンはそれぞれの座標軸に平行にします。

ジャンル別ではなく、アルファベット順のメニューからのみアクセスできるものは次の通りです。

・**2D Glyph**

「グリフ」(Glyph) と呼ばれる記号図形を描画します。

「Properties」の「Glyph Type」から、「Vertex」「Dash」「Cross」「ThickCross」「Triangle」「Square」「Circle」「Diamond」「Arrow」「ThickArrow」「Hooked Arrow」「EdgeArrow」を選ぶことができます。

「Filled」をチェックすると塗りつぶされ、「Center」で表示位置を設定します。

・**Time Source**

「正弦」sin(t) で、「t=0」から「t=1」（ラジアン）の範囲をもつデータで、1つの「直交グリッド」セルを生成します。

X/Y方向にどれだけデータセットが移動するか (X/Y Amplitude) を設定します。

・**Unstructured Cell Types**

指定した形式のセルを生成します。「Triangle」「Hex」などのよく使われるセル形式がサポートされています。

図4-27 「Triangle」を指定し「Edge」を表示

■[Filters] メニュー

　データに対する各種フィルタ処理を行なうメニューです。膨大な量のフィルタがあるため、一部のみ説明します。

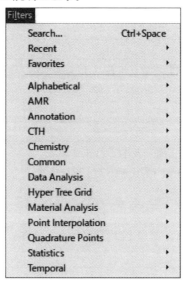

図4-28　「Filters」メニュー

　[Search][Recent][Alphabetical] の動作は、[Sources] メニューと同様なので説明は省略します。

●Favorites

　よく使うフィルタをお気に入りとして登録しておくことができます。

●AMR

　AMR（ブロック構造グリッド）データに適用できるフィルタが12種類表示されます。

●Annotation

　画面にアノテーションを表示するためのフィルタが7種類表示されます。

●CTH

CTHデータ（サンディア国立研究所によって開発された複数マテリアル、大きな変形、強い衝撃波、固体力学のコード）に適用できるフィルタが9種類表示されます。

●Chemistry

化合物の表示（たとえば、ボール＆スティック）の設定を行なうフィルタが4種類表示されます。

●Common

よく使うフィルタが11種類表示されます。
ツールバーの「Common Filters」に対応します。

●Data Analysis

データ分析で使うフィルタが16種類表示されます。

●Hyper Tree Grid

ハイパーツリーグリッドで使うフィルタが11種類表示されます。

●Material Analysis

マテリアルの分析で使うフィルタが2種類表示されます。「Material Interface Filter」（材料界面フィルタ）は、材料の割合が指定された値よりも高い領域を見つけます。

●Point Interpolation

点群（データセット、線、表面、ボリューム）の補間で使うフィルタが8種類表示されます。

●Quadrature Points

Quadrature Points（直交点）でよく使うフィルタが3種類表示されます。

●Statistics

統計処理でよく使うフィルタが5種類表示されます。

●Temporal

時間軸をもっているデータに対して適用することができるフィルタが17種類表示されます。

■[Extractors] メニュー

「ParaView」から、データを抽出するデータ形式などを指定します。データの保存は「File」メニューの「Save Extracts」で行ないます。

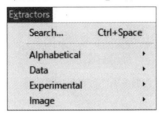

図4-29 「Extractors」メニュー

●Data

CSV形式や、各種VTK形式でデータを抽出します。

●Experimental

実験的な実装です。正確に動作しない可能性があります。

●Image

JPEGとPNGでデータを抽出します。

■[Tools] メニュー

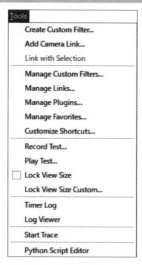

図4-30 「Tools」メニュー

●Create Custom Filter

　既存のフィルタを組み合わせたカスタムのフィルタを作ります。いくつかの
フィルタをまとめて適用することが多い場合などに使います。

　「Pipeline Browser」でフィルタの適用順を作り、必要な複数のフィルタを選
択して、「Create Custom Filter」メニューを選択します。

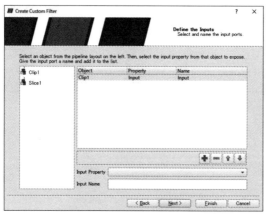

図4-31 「Create Custom Filter」

●Add Camera Link

比較表示の時に、カメラの位置を、両方の3次元表示で合わせます。

「ペイン」を1つ選び、メニューを選択すると、次の画面が表示されるので、連動させるもう1つの「ペイン」をクリックします。

すると、カメラを動かしたとき、もう一方も連動します。

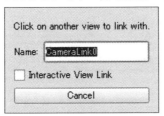

図4-32 「Camera Link」の作成

●Link with Selection

選択したデータ要素とリンクされた他のデータソース上の選択した要素をリンクさせます。インデックスを対応させる方法と、実際に選択された部分を対応させる方法があります。

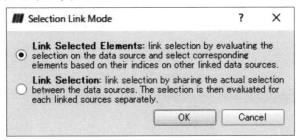

図4-33 リンクのモードの設定

●Manage Custom Filters

　保存されている「カスタム・フィルタ」(cpd)を「インポート/エクスポート」「削除」できます。

図4-34 「Custom Filter Manager」

●Manage links

　「Link」は「オブジェクトのプロパティ」や「カメラの位置」などを連動させるものです。

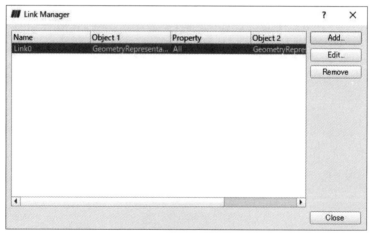

図4-35 「Link Manager」

●Manage Plugins

「ParaView」に機能を追加するためのプラグインの読み込みや削除を行ない
ます。

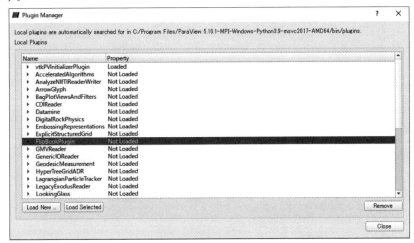

図4-36 「Plugin Manager」

●Manage Favorites

[Filters] メニューの [Favorites] に表示する項目を設定します。

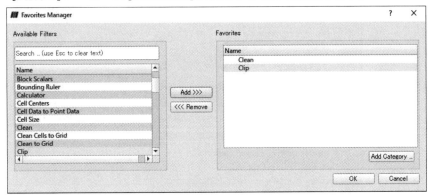

図4-37 「Favorites Manager」

●Customize Shortcuts

キーボード・ショットカットを新たに定義したり、変更したりできます。機能を選択して、割り当てるキーの組み合わせを押します。

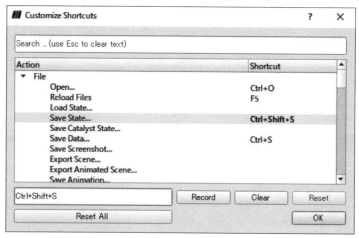

図4-38 「Customize Shortcuts」

●Record Test

ユーザーの操作をXML形式で記録します。

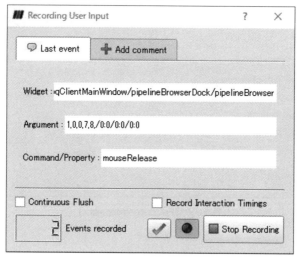

図4-39 ユーザー操作の記録

●Play Test

「Record Test」コマンドで保存されたテストを再現します。

●Lock View Size

可視化しているペインのサイズを特定のサイズにロックします。

ウィンドウの大きさを変えても大きさが変わらなくなります。サイズは300x300です。

●Lock View Size Custom

可視化しているペインのサイズを特定のサイズにロックします。

ウィンドウの大きさを変えても大きさが変わらなくなります。ロックするサイズは自分で設定することができます。

●Timer Log

さまざまな処理が完了するまでの時間を記録して、表示します。

●Log Viewer

エラーや警告などのログを表示する画面が開きます。

● Start Trace と Stop Trace

[Start Trace] を選択してから、[Stop Trace] を選択するまでの操作を記録し、Pythonのコードとして保存できます。

詳細は別の章で説明しています。

図4-40　トレースして出力した結果

●Python Script Editor

Pythonのプログラムができるエディタが開きます。
詳細は別の章で説明しています。

■[Catalyst] メニュー

その場 (In-situ) 解析を行なうために「ParaView Catalyst」に接続したり
([Connect])、シミュレーションを停止・再開する ([Pause Simulation]
[Continue][Set Breakpoint][Remove Breakpoint]) ためのメニュー項目があり
ます。

「Catalyst」は「ParaView」の機能を実装した、大規模数値計算と直接統合す
ることができるライブラリです。ハイパフォーマンス・コンピューティング
(HPC) のための、「コ・プロセッシング」または「その場 (In-situ) 解析」として
説明されることもあります。

「Catalyst」の、インストールや実際の使用については本章最後のコラムで簡
単に触れています。詳細は下記のWebサイトを参照してください。

https://www.paraview.org/in-situ

■[Macros] メニュー

図4-40 「Macros」メニュー

メニューの下部には、追加されたマクロの名前が表示されています。デフォ
ルトでは何も表示されません。上記の例では、「PythonSample」という独自に
作成したマクロが追加されています。

●Import new macro

Pythonで作ったマクロを選択して、機能に追加します。

「View」メニューの「Toolbars」で「Macros Toolbars」がオンになっていると、そのマクロの名前がツールバーに表示されます。

●Edit

「ParaView」に追加されているマクロの一覧が表示され、それを編集する「Script Editor」が開きます。

●Delete

「ParaView」に追加されているマクロの一覧が表示され、選択したマクロを削除します。

■[Help] メニュー

ヘルプ、ガイド、チュートリアル、Wikiなど各種のリソースにアクセスできる項目があります。多くはオンラインであるため、ネットワークに接続している必要があります。

4-2 ツールバー

ツールバーは、画面に表示するかを個別に設定することができます。

どのツールバーを表示するのかの設定は、「View」メニューの「Toolbars」で項目をチェックする、チェックしないことによって行ないます。

詳細はメニューの説明を参照してください。

●Active Variable Controls

図4-41 「Active Variable Controls」ツールバー

「どのデータを表示するか」「そのデータにどのように色を付けるか」などを設定します。

「Properties」タブの「Coloring」で設定する項目に対応します。

左から、

Toggle Color Legend Visibility	色の凡例の「表示/非表示」
Edit Color Map	カラーマップの編集
Use Separate Color Map	現在の表示のみ別のカラーマップの使用
Rescale to Data Range	データの範囲にリセット

のボタンです。

その右のメニューは、「Color By」を示し、どのデータに基づいて色を付けるかを設定します。

●Camera Controls

図4-42 「Camera Controls」ツールバー

カメラの位置をコントロールします。

左から、

Reset	初期状態にリセット
Zoom To Data	データ部分に合わせる
Zoom To Box	外枠に合わせる

などです。

矢印のアイコンの付いたボタンは、カメラをそれぞれの軸上に配置します。回転は左右90度ずつカメラ位置を回転します。

●Center Axes Controls

図4-43 「Center Axes Controls」ツールバー

表示画面の原点を設定するボタンです。

左から、

Show Orientation Axes	座標軸の方向を表示
Show Center	原点を表示
Reset Center	原点をリセット
Pick Center	原点の位置を選択

のボタンです。

●Common

図4-44 「Common」ツールバー

よく使うフィルタがボタンで示されています。

「Filters」メニューの「Common」に対応します。

左のボタンから「Calculator」「Contour」「Clip」「Slice」「Threshold」「Extract Subset」「Glyph」「Stream Tracer」「Warp by Vector」「Group Datasets」「Extract Level」です。

●Current Time Controls

図4-45 「Current Time Controls」ツールバー

アニメーションを再生しているときの「現在時間」(時間の経過)を表示します。
右側はフレームを表わし、この数字を変えると、その番号のフレームに移動
します。

●Data Analysis

図4-46 「Data Analysis」ツールバー

「Filters」メニューの「Data Analysis」に対応し、代表的なものがボタンで示
されています。
左から、

Compute Quartiles	四分位を計算
Extract Selection	選択部分を抽出
Histogram	ヒストグラム
Plot Global Variables Over Time	グローバル変数を時間軸でプロット
Plot Over Line	指定した直線上のデータをプロット
Plot Selection Over Time	選択部分を時間軸でプロット
Probe Location	指定した点を調べる
Programmable Filter	プログラミングによる計算

のボタンです。

●Macros Toolbar

　作ったマクロが組み込まれていれば、その名前を表示するツールバーを表示します。クリックするとマクロが実行されます。

●Main Controls

図4-47　「Main Controls」ツールバー

　「File」と「Edit」メニューの一部に対応する項目です。

　左から、

Open	開く
Save Data	データを保存
Save State	状態を保存
Save Extracts	抽出部分を保存
Save Catalyst State	Catalystの状態を保存
Connect	サーバへ接続
Disconnect	サーバとの接続を切断
Undo	操作の取り消し
Redo	操作の再適用
Apply changes to parameters automatically	パラメータへの変更を自動的に適用
Help	ヘルプ
Find data matching various criteria from the current source	現在のソースからさまざまな条件に一致するデータを検索
Load a color palette	カラーパレットの読み込み

です。

●Measurement Tools

図4-48　「Ruler」ツールバー

　長さを計算することができる、物差し（Ruler）の機能です。

●Representation Toolbar

図4-49 「Representation」ツールバー

表示方法を設定するメニューです。

「Properties」の「Representation」に対応しています。

「Surface」「Wireframe」「Points」「Volume」などを簡単に切り替えることができます。

●VCR Controls

図4-50 「VCR Controls」ツールバー

アニメーションの再生をコントロールするメニューです。このメニューを使うには、アニメーションとなる時系列を含むデータでなければなりません。

左から、

First Frame	最初のフレーム
Previous Frame	1つ前のフレーム
Play	アニメーションの再生
Next Frame	次のフレーム
Last Frame	最後のフレーム
Loop	ループ

です。

4-3　　　　　　ビュー

　「ParaView」の画面は、「ドッカブルな」さまざまな画面部品で構成されています。フローティング・ウィンドウにしたり、タブにしたり、使いやすいように自由にレイアウトすることができます。

　どの部品を表示するかは、「View」メニューで選択することができます。いくつかの主要な項目を説明します。

■Animation View（アニメーション・ビュー）

　アニメーションの時系列の表示、再生に関する設定をし、再生状態を示す画面です。

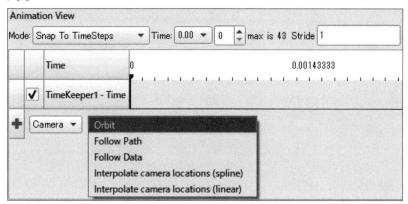

図4-51　「Animation View」

　「Mode」では、アニメーションの再生モードを設定します。

Sequence	開始時間と終了時間を指定し、その間を指定した数のフレームで、一定の速度で再生する。
Real Time	開始時間と終了時間を指定し、その間で再生できるように、レンダリングするフレーム数が調整される。
Snap To TimeSteps	データ内のタイムステップの数に従って、フレームを再生する。

　その下に、開始時間、終了時間を両端とした「TimeKeeper」（タイム・キーパー）が表示されます。

　画面下ではカメラの移動を指定できます。

「+」ボタンを押すと、設定画面が開き、適用できます。
設定画面は、「Camera」と書かれた行をダブルクリックすると開きます。

Orbit	オブジェクトを回る周回で対象を撮影しているように表示する。回転の中心、対象との距離などを設定できる。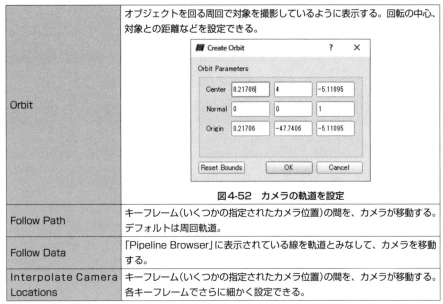図4-52　カメラの軌道を設定
Follow Path	キーフレーム(いくつかの指定されたカメラ位置)の間を、カメラが移動する。デフォルトは周回軌道。
Follow Data	「Pipeline Browser」に表示されている線を軌道とみなして、カメラを移動する。
Interpolate Camera Locations	キーフレーム(いくつかの指定されたカメラ位置)の間を、カメラが移動する。各キーフレームでさらに細かく設定できる。

サンプル・データ「can.ex2」を使って、カメラの動きを確認します。

手 順

[1] サンプル・データの「can.ex2」を読み込みます。

[2] 「Animation View」を表示します。

[3] 「Animation View」内のプルダウン・メニューから「Camera」「Orbit」を選択し、「+」をクリックします。

図4-53　カメラの軌道を設定

[4] カメラを回転させるときの、パラメータを設定する画面が表示されます。ここではデフォルトのままにしておきます。

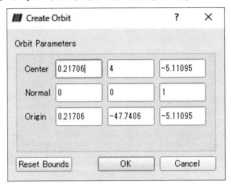

図4-54　カメラを動かすパラメータ

[5] 「OK」をクリックしたら、アニメーションを再生してみます。カメラ位置が、オブジェクトの周りを回りながら、アニメーションが再生されます。

■Collaboration Panel（コラボレーション・パネル）

　一人で可視化をしているときに使うことはほとんどありませんので、本書では解説を省略します。複数のユーザが同じサーバに接続しているときに、画面を共有したり、チャットをするときに使うパネルです。

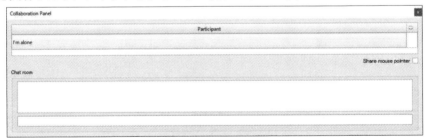

図4-55　「Collaboration Panel」

■Color Map Editor（カラーマップ・エディタ）

データに色を付けるカラーマップの編集画面です。

設定の項目が多く、可視化では重要な役割を果たすので、詳しく説明します。

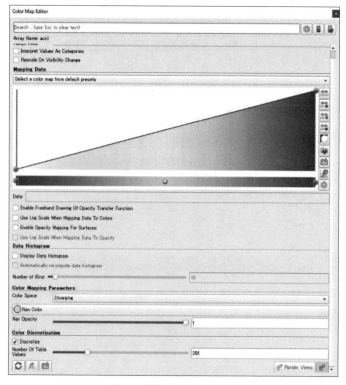

図4-56 「Color Map Editor」

右上の3つのボタンは、左から

Toggle advanced properties	高度の設定画面への切り替え。
Show/hide color legend	可視化領域での凡例の表示の切り替え。
Edit color legend properties	凡例の属性の編集。

です。

いちばん左の「高度の設定画面への切り替え」をクリックすると、より多くの設定項目が表示されます。

「Discretize」は色のグラデーションを段階で設定するときにチェックします。チェックがないと段階を設定できません。

デフォルトの256段階だとある程度滑らかに見えますが、たとえば、「Number Of Table Values」を「8」にすると、かなりくっきりと段階が見えます。

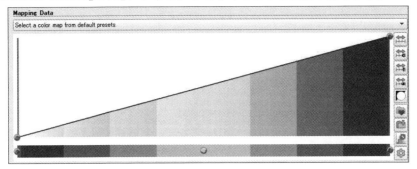

図4-57　「Discretize」を「8」に設定

「Annotations」では、凡例内の値に説明文を設定することができます。設定した説明文は図のように凡例に表示されます。

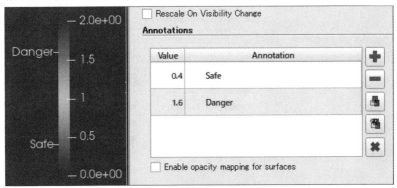

図4-58　凡例に説明文を追加

[Mapping Data]部分

　グラフ表示には、現在設定されている値と色の関係が示されています。右側にボタンがあり、細かく設定することができるようになっています。

Rescale to data range	データが範囲に収まるようにリセットする。
Rescale to custom range	最大・最小を指定したカスタムの範囲を設定し、それに合わせる。 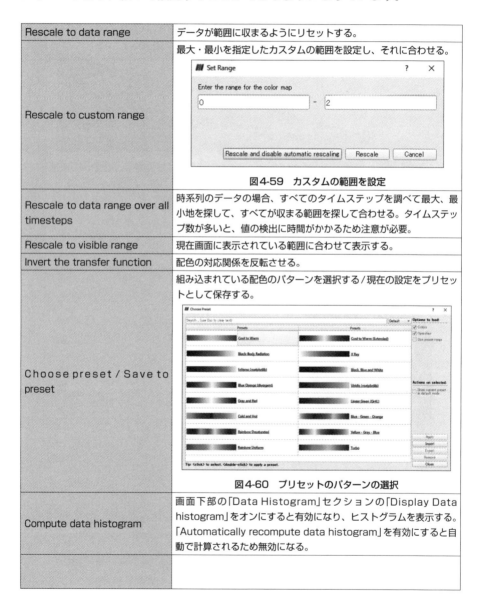 図4-59　カスタムの範囲を設定
Rescale to data range over all timesteps	時系列のデータの場合、すべてのタイムステップを調べて最大、最小地を探して、すべてが収まる範囲を探して合わせる。タイムステップ数が多いと、値の検出に時間がかかるため注意が必要。
Rescale to visible range	現在画面に表示されている範囲に合わせて表示する。
Invert the transfer function	配色の対応関係を反転させる。
Choose preset / Save to preset	組み込まれている配色のパターンを選択する/現在の設定をプリセットとして保存する。 図4-60　プリセットのパターンの選択
Compute data histogram	画面下部の「Data Histogram」セクションの「Display Data histogram」をオンにすると有効になり、ヒストグラムを表示する。「Automatically recompute data histogram」を有効にすると自動で計算されるため無効になる。

| | 値を直接入力して、配色を変更する。「Color transfer function values」に両端と、中間点のRGBの配色が表示されるので、ダブルクリックして値を入力する(0〜1の範囲)。 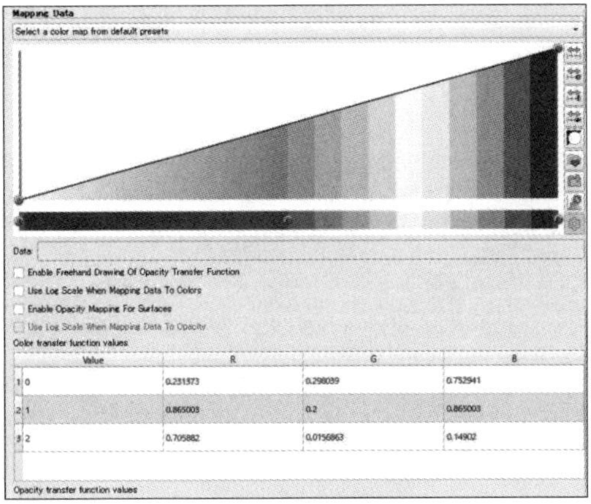 |
| Manually edit transfer functions |
図4-61　手動で配色を変更 |

　グラフの下には4つのチェックボックスがあり、それぞれ次の意味をもちます。

Enable Freehand Drawing Of Opacity Transfer Function	トランスファー関数を手動で自由に変更できる(上のマッピングのグラフの線をマウスで変更できるようにする)。
Use Log Scale When Mapping Data To Colors	データを色に関連付けるときに対数(Log)目盛を使用する。
Enable Opacity Mapping For Surfaces	サーフェス(Surface)表示をするときに半透明の効果を使用する。グラフィックス資源を消費するため、処理速度が低下することに注意。半透明の度合いの設定は、「Opacity transfer function values」の値を変更することで行なう。
Use Log Scale When Mapping Data To Opacity	「Enable Opacity Mapping For Surfaces」がオンの時、半透明のマッピング時に対数(Log)目盛を使用する。

■Comparative View Inspector(コンパラティブ・ビュー・インスペクタ/比較表示の詳細)

「Render View (Comparative)」のような比較表示をしているときに、変数が変化したときにどのようになるかを比較できるように画面をコントロールできます。

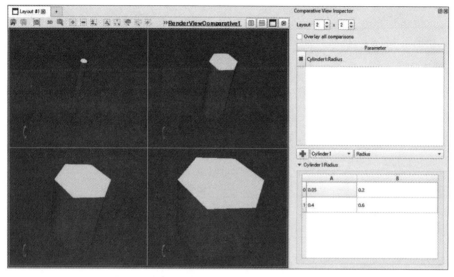

図4-62　「Comparative View Inspector」(CylinderのRadiusを比較)

「Layout」は、画面分割の数(縦・横)を指定します。デフォルトは2x2です。画面中央部のプルダウン・メニューで変化させるパラメータを指定し、「+」を押してリストに追加します。

指定したパラメータのいくつかの値が画面下の表に表示されます。縦(数字で番号付け)と横(アルファベットで番号付け)が、可視化領域のタイル状の表示に対応しています。

表内のセルをダブルクリックして数値を変更して、パラメータの違いによる変化を見ることができます。

■Information（データに関する情報）

「Properties」タブの横に「Information」タブが表示され、データに関するさまざまな情報を表示します。データの形式によって、表示される項目が変わります。

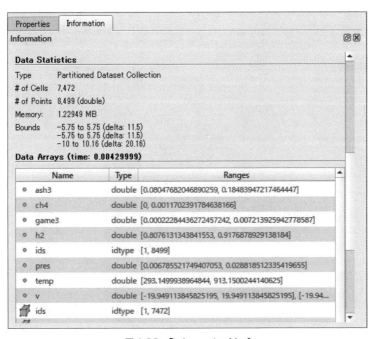

図4-63 「Information」タブ

Statistics	メッシュの形式、セルの数、点の数、メモリ消費量などの基本情報が表示される。
Data Arrays	データアレイの名前、形式、範囲などが表示される。
Time	時間軸がある場合は、そのインデックスと値が表示される。

■Find Data（データの選択）

条件に合致したデータを選択するための、条件の入力画面です。

次の画面は、サンプル・ファイルの「disk_out_ref.ex2」の表示を「Point」にし、変数「temp」の値が500以上のデータを検索した（temp is >= 500）ときのものです。

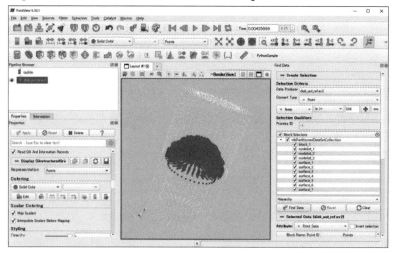

図4-64　「Find Data」の結果

■Light Inspector（光源の位置）

3次元オブジェクトを表示するときの光源の位置や色などを指定します。

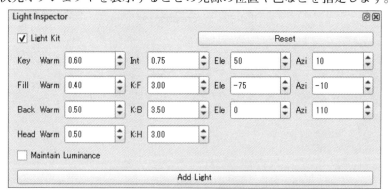

図4-65　光源の各種設定

■Material Editor（表示する物体の素材）

　CGのような3次元画像を作成するときに、物体の表面の表現を指定します。

　リアルなシーンやイメージを作成するために使います。銀やステンレスのような金属であったり、コンクリートなどのプリセットがあります。

　オブジェクトを表示させている状態で、「Properties」の「Ray Traced Rendering」で「OSPRay Pathtracer」を選択します。

　「Material Editor」のメニューから素材を選択し、「Attach」ボタンをクリックするとオブジェクトの表面に反映されます。

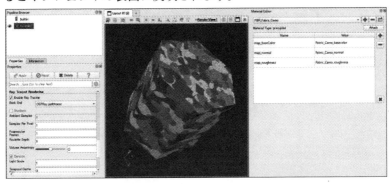

図4-66　「Material Editor」で「PBR_Fabric_Camo」を適用

■Multi-block Inspector（マルチブロックに関する情報）

　マルチブロック・データの各ブロックについて、色、透明度の設定が一覧できます。

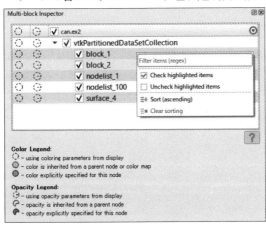

図4-67　「Multi-block Inspector」（サンプル・ファイル「disk_out_ref.ex2」の例）

■Pipeline Browser（パイプライン・ブラウザ）

「オブジェクト」や「フィルタ」の「表示の状態」や「相互の関係」などを示します。

それぞれの関係はツリー構造で示され、「目」のマークのアイコンにより、可視化領域に表示されているかどうかが示されます。

あるオブジェクトに異なるフィルタをかけて、それを切り替えるのも簡単で、また1つのオブジェクトに複数のフィルタを適用している状態も、一目でわかります。

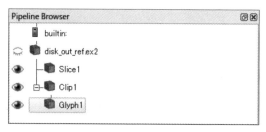

図4-68 「Pipeline Browser」

■Properties（プロパティ）

「Sources」で生成できるような、単純な形状を読み込んでいるときは、その形状や大きさに関する数値が表示されます。

しかし実際の現場では、さまざまなソフトウェアで生成されたデータを扱うことが多いです。

プロパティとして設定できる項目はデータ形式によって異なるため、ここではサンプル・ファイルのデータ形式に対して表示される内容を見ておきます。

さまざまなオブジェクトに対する詳細な情報は、オンラインのドキュメントなどを参照してください。

●「ex2(Exodus)」形式(サンプル・データの「can.ex2」を開くと表示される)

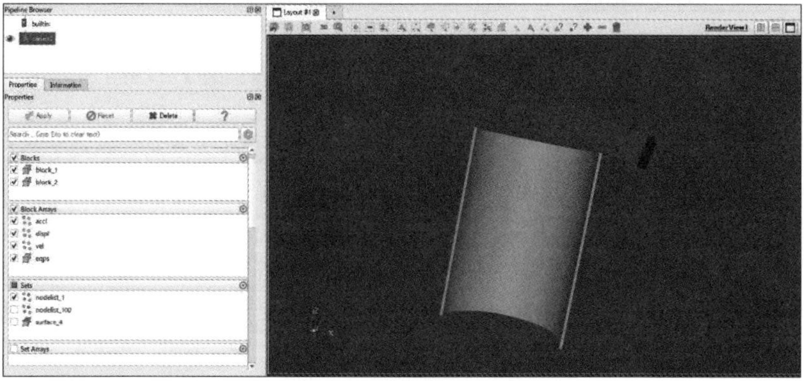

図4-69 「ex2」形式のプロパティ

Blocks / Block Arrays / Sets / Sets Arrays　マルチブロック・データのように複数のブロック(アセンブリ、マテリアル)がある場合に、どのブロックを表示するかを設定します。「can.ex2」の場合、ブロックは2つです。

Apply Displacements　Displacement(変位)を適用すると、「Displacement Magnitude」で指定した変位量で調整される。「1」はデフォルトの変位。「can.ex2」で、この値を「2」にすると変位量が大きく変わることが分かります。

■Statistics Inspector(選択部分の表示設定)

「オブジェクト」や「フィルタ」の各種情報を、まとめて表示します。「データ形式」「セル数」「ポイント数」「メモリ消費量」など、「Pipeline Browser」で示された項目の詳細が表示されます。

Statistics Inspector

Name	Data Type	No. of Cells	No. of Points	Memory (MB)	Geometry Size (MB)	Spatial Bounds	Temporal Bounds
Sphere1	Polygonal Mesh	96	50	0.006	Unavailable	[-0.487, 0.487] , [-0.487, 0.487] , [-0.5...	[ALL]
Slice1	Polygonal Mesh	15	15	0.004	0.006	[-1.23e-32, 6.16e-33] , [-0.487, 0.487] , [...	[ALL]
Clip1	Unstructured Grid	60	54	0.006	Unavailable	[-0.487, 1.33e-17] , [-0.487, 0.487] , [-0.5...	[ALL]
Shrink1	Unstructured Grid	60	196	0.01	0.012	[-0.464, -7.61e-18] , [-0.487, 0.464] , [...	[ALL]

図4-70 「Statistics Inspector」

4-4 フィルター一覧

フィルタの数は非常に多いため、いくつかのグループに分けて説明します。グループは「Filters」メニューに合わせて説明します。それ以外の主要なものはアルファベット順にまとめます。
(ページ数の都合上、また、バージョンごとに追加されるため、すべてのフィルタを解説できないことを了承ください)

フィルタの数はバージョンを重ねるにつれ、膨大になってきています。以降に説明するジャンル別のメニューだけでなく、検索機能を活用する必要があります。

■フィルタの検索

「Filters」メニューで「Search」を選択します。フィルタの名前の一部(先頭でなくてもよい)を入力すると候補が表示されます。「Enter」キーで適用され、「Esc」キーで入力がクリアされます。

■「Common」フィルタ

●Calculator

既存の「スカラー値」や「ベクター値」を、新しいデータとなるように計算します。「Attribute Type」で「Point Data」か「Cell Data」を設定し、「Result Array Name」には、計算結果の名前(変数名となる)を入力します。

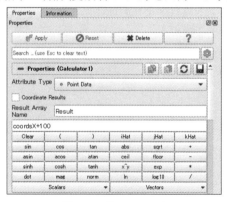

図4-71 「Calculator」

各ボタンは関数電卓と同様に使えるため、特殊なものだけを解説します。

jHat	X方向の単位ベクターを示すベクター定数
jHat	Y方向の単位ベクターを示すベクター定数
kHat	Z方向の単位ベクターを示すベクター定数
mag	ベクターの長さ
norm	ベクターの正規化

変数を入力するには、「Scalars」「Vectors」をクリックすると、メニュー形式でそのオブジェクトで使える変数が表示される。

●Contour

選択したスカラー列を使って「isoline」や「isosurface」の「contour」(コンター/等高)図を作ります。

「Color By」には、スカラー値が表示され、「Compute Normals」(法線)、「Compute Gradients」(勾配)、「Generate Triangles」(三角形メッシュを生成)から生成します。

「Isosurfaces」の「Value Range」で、「+」ボタン(等高線値の値を追加)「—」ボタン(値の削除)「Add a range of values」ボタン(範囲を指定して、その範囲内の複数のレベルの等高面を作成)を使って、表示値を指定できます。

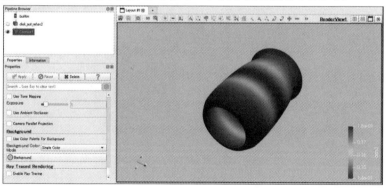

図4-72　コンター図(disk_out_ref.ex2のTempが300/ash3で着色)

上記の等高面の値を変えると次のようになります。

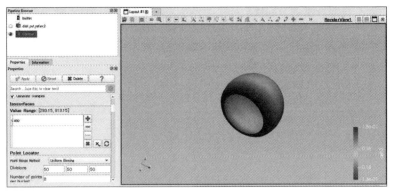

図4-73 コンター図(disk_out_ref.ex2のTempが400)

●Clip

「平面」「直方体」「球体」や「スカラー値」で切り取ります。

「Clip Type」の指定によって、その下の部分が切り替わり、その切り取りの方法によって設定項目が変わります。

平面で切り取る場合、ハンドルが表示され、切り取る角度を変えることができます。

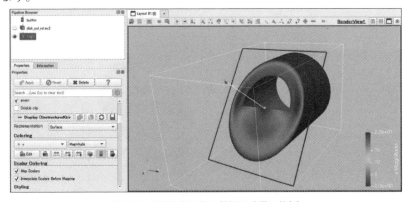

図4-74 平面で切り取り(断面を変数で着色)

「Invert」は切断面に対して反転し、「Crinkle Clip」はセルを切り出す設定で、切断面がかかっているセルの境界で切り出します。

●Slice

指定した「平面」「直方体」「球体」で入力データの面のデータを抽出します。
「Clip」と違い、その面上にあるデータのみが抽出されます。
その他の設定は「Clip」と同じです。

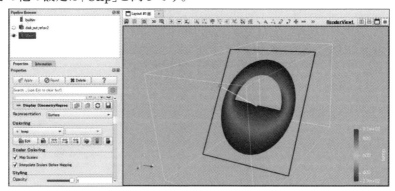

図4-75　平面でスライス(断面を変数で着色)

●Threshold

指定した閾値を満たす部分だけを抽出します。

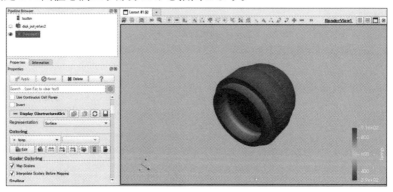

図4-76　閾値で抽出(disk_out_ref.ex2のTempが350～1000)

●**Extract Subset**

構造化された入力データセットのサブセットを抽出します。

「VOI」はVolume of Interest(興味のある部分)を指し、抽出する座標の範囲を指定します。

「Representation」は「3D Glyphs/Putline/Points/Slice/Surface/Surface with Edges/Volume/Wireframe」などから表示方法を選択します。

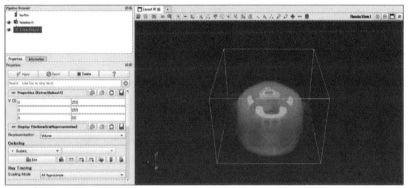

図4-77 headsq.vtiの一部をVolumeで抽出

●**Glyph**

入力データの点に「グリフ」(装飾用の小さな図形)を付ける。力や流れの方向がわかりやすくなります。

「Properties」で、グリフの詳細な設定ができます。

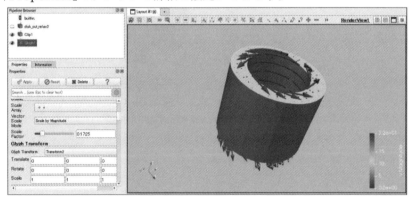

図4-78 グリフを描画(値で着色)

グリフ形式は「Arrow/Cone/Box/Cylinder/Line/Sphere/2D Glyph」から選択でき、「Orientation Array」は、可視化するための方向をもつデータを指定します。

「Scale Array」はグリフの大きさを示す変数を指定する。「Scale Factor」(倍率)、「最大ポイント数[グリフ数]」(Maximum Number of Sampling Points)を設定できます。

●Stream Tracer

「シード」と呼ばれる点から、ベクター場に「流線」を生成し、「Vectors」で表示するベクターを指定します。

右上の「歯車」アイコンをクリックすると、詳細な設定ができます。

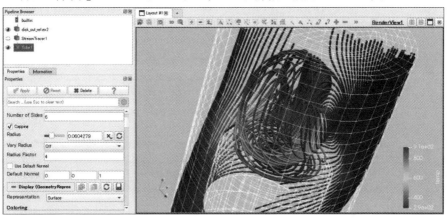

図4-79　流線を描画
(disk_out_ref.ex2で外をWireframeにし、StreamTracerを変数Tempで着色し線を太くした)

・「Integration Parameters」部分

「Integration Direction」は流線が生成される方向(FORWARD/BACKWARD/BOTH)を決めます。

「Integrator Type」は、インテグレーションに使う計算(ルンゲ・クッタ法)を指定します(Runge-Kutta 2/Runge-Kutta 4/Runge-Kutta 4-5])。

インテグレーションのステップの単位、ステップの長さの初期値、最小値、最大値を変えることができます。

・「Streamline Parameters」部分

「Maximum Steps」では、流線の最大ステップ、「Maximum Streamline Length」は流線の最大長等を設定できます。「Compute Vorticity」では「渦度」を計算するかどうかを指定します。

・「Seeds」部分

「Seed Type」では、流線のシード(開始地点)の形式を「Line/Point Cloud」から選びます。「Point Could」は指定した複数の点を起点とし、「Line」はある線分を流線の起点とします。

「Point Could」の場合、ある座標(Center)を指定し、「点の数」(Number of Points)、「点の散らばる半径」(Radius)を設定でき、「Line」の場合、「線分の開始点・終点の座標」(Point1/Point2)、「線の上のシードの数」(Resolution)を設定できます。

●Warp By Vector

入力データセットを、指定されたベクターを使って移動します。「ベクター」(Vectors)と「Scale Factor」(倍率)を指定します。

●Group Datasets

複数のデータセットを1つのマルチ・グループのデータセットにまとめます。グループ化するデータセットは、「Pipeline Browser」で、複数のデータセットを選択します。

●Extract Block

複数のブロックをもつデータセットから、特定のブロックを取り出します。

■「Data Analysis」フィルタ

● Compute Quartiles

四分位を計算して表示します。

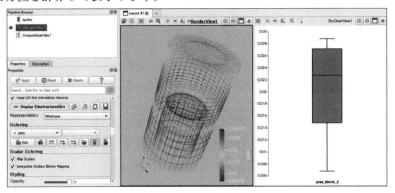

図4-80 「disk_out_ref.ex2」のtempの四分位

● Extract Selection

選択した「セル」や「点」を抽出します。

たとえば、ツールバーの「Select Cells On」でセルを選択し、「Extract Selection」フィルタを適用すると、そのセルが切り取られます。

または、「Find Data」で検索条件を指定すると、その検索条件が「Copied Selection」に表示されます。

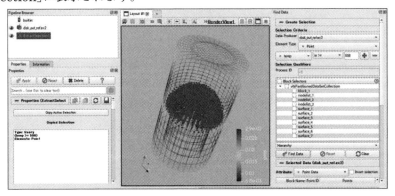

図4-81 選択したセルの抽出

また、「Preserve Topology」(トポロジーを保持)のオプションがあります。

●Histogram

変数の値の出現度を示す棒グラフを表示します。

「どの変数を表示するか」(Select Input Array)、「横軸の分割の大きさ」(Bin Count)を設定できます。

また、ベクター値の場合、「Component」でベクターのどの要素を計算するかを指定でき、「Display」領域では、ヒストグラムの属性(X軸のメモリなど)も設定できます。

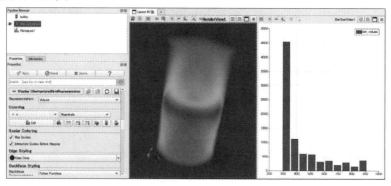

図4-82 「Histogram」

●Integrate Variables

点とセルのデータを、「線」(ライン)と「表面」(サーフェス)に統合します。

切り替えることで、各点やセルを表形式で表示できます。表内の行を選択すると、該当する部分が可視化領域でハイライトされます。

●Plot Data

　任意のデータをXY軸にプロットします。「Properties」でどの変数を表示するか、その変数を何色で示すか、軸をどのように表示するかを設定できます。

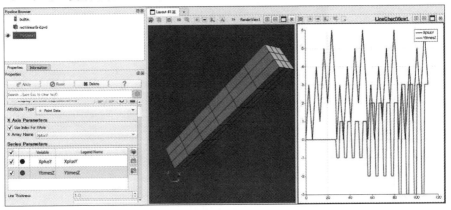

図4-83 「Plot Data」

●Plot Global Variables Over Time

　データセット内にある時間軸をもつ変数を、XYプロット（X軸は時間軸）にプロットします。

●Plot On Intersection Curves

　スライス「Plane/Box/Sphere」とオブジェクトとの交点、または交差している境界の線分をプロットします。

●Plot On Sorted Lines

　1次元の線データセットの時に使用でき、点のデータがどのようになっているかをプロットします。

●Plot Over Line

指定した線上のデータセットの属性を、XY表示でプロットします。

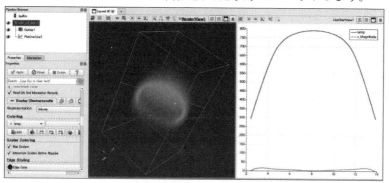

図4-82 「Plot Over Line」

●Plot Selection Over Time

選択したセルや点が時間とともに変化する様子を、XY表示で表示します。

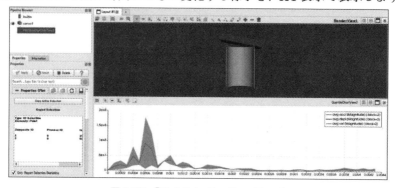

図4-83 「Plot Selection Over Time」

●Probe Location

ポイント・クラウド(点の雲)の中の点でデータセットの属性をサンプリングします。

「点の中心」(Center)、「点の数」(Number of Points)、「点の散らばりの半径」(Radius)を設定できます。

●Programmable Filter

Pythonスクリプトを使って出力を生成するときに使い、「Properties」内に、スクリプトの入力部が開きます。

右上のウィンドウアイコンをクリックすると「ParaView Python Script Editor」が開きます。

■「Statistics」フィルタ

●Contingency Statistics

2つの変数の分割表（Contingency Table）を作ります。

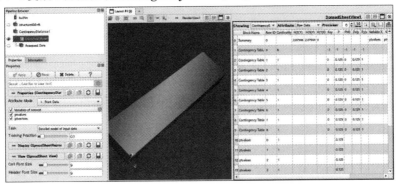

図4-84 「Contingency Statistics」

●Descriptive Statistics

各変数に対して、最大、最小、平均、標準偏差等を計算します。

「Properties」では、「Task」で「全入力データセットの詳細」（Detailed model of input data）「ランダムに選ばれたサブセットの概要」（Model a subset of the data）「2番目の入力を使って、属性を最初のデータセットに追加」（Assess the data with a model）「同じデータセットに2番目と3番目のTaskを組み合わせたもの」（Model and assess the same data）を選択できます。

「Training Fraction」は、「Detailed model of input data」と「Assess the data with a model」では無視されます。

「Deviations should be」では、「Unsigned」（記号なし）/「Signed」（記号あり）から選択します。

●K Means

K平均法。変数で指定されている座標空間におけるKクラスタリングの中央値を計算します。

●Multicorrelative Statistics

選択したすべての変数の共分散行列と平均を計算します。

●Principal Component Analysis

選択したすべての変数に対して主成分分析を行ないます。「Multicorrelative Statistics」の出力「固有値」と「固有ベクトル」を計算します。

■「Temporal」フィルタ

●Annotate Time Filter

可視化領域内に凡例として経過時間を表示します。「Properties」では、「表示形式」(Format)、「開始時間」(Shift)、「時間の振興単位」(Scale)を設定できます。

●Extract Time Steps

時間軸をもつデータの指定された範囲のデータを抽出します。

●Force Time

アニメーションの特定の時間での状態を表示します。

●Merge Time

複数のデータの時間軸をマージして、1つの時間軸のように扱います。

●ParticlePath

ベクター場の時間の経過に伴う点の移動パスをトレースします。

「終了時間」(Termination Time)、「Nステップごとに再注入」(Force Reinjection Every NSteps)、「入力のシードが変わるか」(Static Seeds)、「入力のグリッドが変わるか」(Static Mesh)、「入力ベクトル値」(Select Input Vectors)、「渦度を計算するか」(Compute Vorticity)を設定できます。

●ParticleTracer

ベクター場内の「シードの集合」からの「パスライン」を生成します。

「入力のシードが変わるか」(Static Seeds)、「入力のグリッドが変わるか」
(Static Mesh)、「Nステップごとに再注入」(Force Reinjection Every
NSteps)、「入力ベクター値」(Select Input Vectors)、「渦度を計算するか」
(Compute Vorticity)を設定できます。

●Streakline

ベクター場に時間で変化するStreaklineを描画します。

「入力のシードが変わるか」(Static Seeds)、「入力のグリッドが変わるか」
(Static Mesh)、「終了時間」(Termination Time)、「Nステップごとに再注入」
(Force Reinjection Every NSteps)、「入力ベクター値」(Select Input
Vectors)、「渦度を計算するか」(Compute Vorticity)を設定できます。

●Temporal Cache

アニメーション再生時に同時にキャッシュできるタイムステップ数を、2～
10の範囲で設定します。

●Temporal Interpolator

離散時間で定義されるデータをリニアに補間することで連続になるように変
換します。補間値は概数であり、正確なものであると見なすことはできません。

●Temporal Shift Scale

パイプライン内のオブジェクトの時間値を、指定したシフトとスケールで線
形に変換します。

●Temporal Snap-to-Time-Step

データ自体を変えることなく、時間範囲と時間ステップを変更します。時間
ステップをどこにスナップさせる(刻みに合わせる)かを選ぶことができます。

●Temporal Statistics

　時間とともに変わる入力値に対して、各時間ステップごとに、点やセルの数が変化するかの統計情報を計算します。左の「Properties」の「Coloring」で表示できる変数が増えていることで確認できます。

●Time Step Progress Bar

　アニメーション画面に指定した色のプログレスバーを表示します。

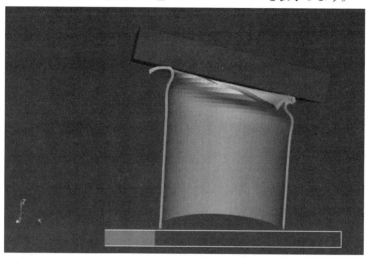

図4-85 「Time Step Progress Bar」

■その他のフィルタ(アルファベット順)

●AMR Connectivity

　Adaptive Mesh Refinement(AMR)で、ある閾値を超える部分があるかどうかを判断し、データセット上で連結成分アルゴリズムを実行します。

●AMR Contour

　Adaptive Mesh Refinement(AMR)で、「contour」(コンター/等高)図を作ります。

●AMR CutPlane

Adaptive Mesh Refinement (AMR) で、平面でクリップします。

●AMR Dual Clip

Adaptive Mesh Refinement (AMR) で、スカラー値でクリッピングし三角
錐を形成します。

●AMR Fragment Integration

Adaptive Mesh Refinement (AMR) で、特定のRegionIDの属するデータセッ
ト内の合計をすべてのセルに対して行ないます。

●Add Field Arrays

フィールド配列をファイルから読み込んで追加します。

●Angular Periodic Filter

一周360度を分割して周期的なマルチブロックデータセットを生成します。

●Annotate Global Data

可視化領域内に凡例としてグローバル変数を表示します。

デフォルトは「Value is:」の後に数値が表示される。「Properties」では「見出し」
(Prefix) を変更できます。

●Append Attributes

同じジオメトリをもつ複数の入力データの「点」と「セル」の属性を合成します。
Ctrlキーを押しながら「Pipeline Browser」内で複数選択し、フィルタを実行し
ます。なお、同数の「点」と「セル」をもたない入力は無視されます。

●Append Datasets

任意の複数の入力データセットを1つのデータセットに合成します。

入力データセットを共通でもっている「点」と「セル」の属性のみ、出力に引き
継がれます。

●Append Geometry

任意の複数の入力データセットのジオメトリを1つのデータセットに合成します。

入力データセットを共通でもっている「点」と「セル」の属性のみ、出力に引き継がれます。

●Block Scalars

複数ブロックをもつデータセットに対して、レベルごとに色を付けます。

●Cell Centers

「Properties」の「Vertex Cells」をチェックすると、各セルの中央に点が表示されます。

●Cell Data to Point Data

点の属性を計算するときに、点の周りのセルの属性の値を平均します。

●Clean

重複した点をマージしたり、使われていない点を削除します。

「部品が不変」(Piece Invariant)にチェックが入っていると、データの整理が一度に行われるため、結果は毎回同じになります。オフになっていると、一回に一部分だけ処理するため、メモリ消費は少なくなるが、結果の一貫性は保証されません。

「許容誤差範囲」(Tolerance)と「絶対誤差範囲」(Absolute Tolerance)で指定された範囲内の点をマージします。「誤差は絶対誤差」(Tolerance Is Absolute)がチェックされていると「Absolute Tolerance」が使われます。

「線を点に変換」(Convert Line To Points)「多角形を線に変換」(Convert Polys To Lines)「表面全体を多角形に変換」(Covert Strips To Polys)は、マージされた点をどのように変換して表示するかを設定します。
「Point Merging」は、点をマージするかを設定します。

●Clean Cells to Grid

　セルをマージし、データセットを非構造グリッドに変換します。点は重複していないものと仮定し、セルが重複している場合は、出力から除かれます。

●Clean to Grid

　正確に一致する点をマージし、データセットを非構造グリッドにします。

●Clip Closed Surface

　「Clip」と違い、「平面」でのみ切り取り、切り取り面を多面体のセルで塞ぎます。

　「Generate Faces」は全体の面を生成し、「Generate Outline」は切断面の周囲の枠を生成します。

●Compute Derivatives

　セルの中心で「スカラー値」や「ベクター値」の導関数を計算します。
ベクター出力では「Scalar Gradient」と「Vorticity」、テンソル出力では「Vector Gradient」と「Strain」を選択できます。

●Connectivity

　領域のIDを、入力データセットの接続されているコンポーネントに割り当てる。つまり、領域IDをある点のスカラー値とみなします。

●Curvature

　ポリゴン・データ内の各点のメッシュの「曲率」を計算します。
　「ガウス曲率」（Gaussian）と「平均曲率」（Mean）が選択でき、「Invert Mean Curvature」にチェックを入れると、曲率の計算が反転します。

●D3

　このフィルタは、並列処理をしているときに有効になります。vtkDataSetが入力され、BoundaryModeでセルを各処理間でどのように割り振るかを指定します。

●Decimate

　Adaptive edge collapseアルゴリズムを使用して、ポリゴン・モデルからある数の三角形を取り除きます。

　フィルタは三角形に対しても動作するため、それ以外のデータの場合、まず「Triangulate」フィルタで三角形に変形しなければなりません。

　「Properties」の「Target Reduction」は「0～1.0」の範囲で、どれだけの三角形を除くかを設定し、「0.2」の場合は20%の三角形が取り除かれます。

　「Preserve Topology」をチェックすると、データセットを分割したり、穴をあけることなく、目的の値になるように取り除きます。

　「Feature Angle」はデータの分割位置を決め、2つの隣り合う三角形がこの値より小さな角度であれば、分割することができるとみなされます。

　「Boundary Vertex Deletion」をオフにすると、データセットの境界の頂点を維持するため、目標とする削除数に到達しないこともあります。

●Delaunay 2D

　2次元の「ドロネー三角形分割」を作ります。2次元の三角形に対して、「ドロネーの条件」を満たす、三角形分割を行ないます。

　「投影する面」(Projection Plane Mode)、「アルファ値」(Alpha)、「許容誤差」(Tolerance)、「オフセット」(Offset)、「境界の三角形の生成方法」(Bounding Triangulation)を設定できます。

●Delaunay 3D

　3次元の「ドロネー三角形分割」を作ります。3次元の三角形に対して、「ドロネーの条件」を満たす、三角形分割を行ないます。

　「アルファ値」(Alpha)、「許容誤差」(Tolerance)、「オフセット」(Offset)、「境界の三角形の生成方法」(Bounding Triangulation)を設定できます。

●Elevation

　特定のベクターの方向に沿って、入力データのスカラー値を彩色します。

　「Show Line」で示された軸の「最大値」と「最小値」の範囲に対して、「Scalar Range」で示された範囲の色を適用する。

●Extract AMR Blocks

Adaptive Mesh Refinement（AMR）で、階層構造をもつデータセットから、データセットのリストを抽出します。

●Extract Block

「複数ブロック」をもつデータセットから、ある範囲のブロックを抽出する。「Properties」で抽出するブロックにチェックを入れます。

●Extract CTH Parts

「CTHシミュレーション」のデータを可視化するためのフィルタです。選択したセル中心の配列を点中心の配列に最初に変換し、その後、各配列のコンターを生成します。このフィルタは非構造データでのみ動作します。

●Extract Cells by Region

ある境界の片側にあるデータセットから、セルを抽出します。

「境界」（Intersect With）で、「平面」（Plane）、「直方体」（Box）、「球体」（Sphere）のどちらかにあるセルだけを表示します。

「Show XXX」の部分が切り替わり、その切り取りの方法によって表示が変わります。

「内側、「外側」の設定（Extraction Side）、「境界と交差している部分のみ」（Extract only intersected）、あるいは「片側のセルと交差しているもの」（Extract intersected）を切り替えることができます。

●Extract Edges

セルの辺を取り出したワイヤーフレームを抽出します。
（「Properties」の「Representation」は表示のみで、データの抽出は行なっていない）

●Extract generic dataset Surface

1つ上のレベルのデータセットからジオメトリを抽出します。

●Extract Surface

ポリゴンの一番外側の面を抽出します。

●FFT of Selection Over Time

時間軸をもつデータセットのすべての列に対して「FFT」(高速フーリエ変換)を行ないます。

●Feature Edges

輪郭を目立たせます。どの輪郭を目立たせるかは、チェックボックスで設定します。

「1つのセルでのみ使われている境界線」(Boundary Edges)「Feature Angleで設定されている角度より大きく、2つのセルで使われている多様体境界線」(Feature Edges)「3つ以上のセルで使われている多様体ではない境界線」(Non-Manifold Edges)「2つのセルで使われている多様体境界線」(Manifold Edges)「境界線の形式に基づいたスカラー値で境界線を彩色」(Coloring)を設定できます。

●Gaussian Resampling

点を楕円形で、ガウシアン分散でボリュームにまき散らします。
「リサンプリングする変数」(Resample Filed)「サンプリングする構造点セットの次元」(Resampling Grid)「サンプリングが実行される範囲」(Extent to Resample)「ガウシアン分散される半径」(Gaussian Splat Radius)「ガウシアン減衰因子」(Gaussian Exponent Factor)「楕円のばらまきのオン/オフ」(Elliptical Splats)「ボリュームの外部境界を埋めるどうか」(Fill Volume Boundary)「点が重なった時の処理」(Splat Accumulation Mode)などを設定できます。

●Generate Ids

セルと点のIDを使って、「スカラー」を生成します。
「点のID」から「点」の属性データのスカラーを生成し、「セルのID」からは「セル」の属性データのスカラーを生成します。

●Generate Quadrature Points

Quadrature Point（求積点）を生成します。

「Quadrature Scheme Def」でスカラーのオフセット列を設定します。

●Generate Quadrature Scheme Dictionary

「Quadrature Scheme Dictionary」をもたないデータセットに「Quadrature Scheme Dictionary」を生成します。

●Generate Surface Normals

シェーディングを滑らかにするために、入力データセットの表面（サーフェス）の法線群を生成します。

データセット内の各ポリゴンの法線ベクターを計算し、共有点で法線群を平均することで動作します。

●Generate Surface Tangents

入力データセットの表面（サーフェス）の表面接線を生成します。

出力もポリゴンで、この接線はテクスチャを使うときに必要です。

●Glyph with Custom Source

入力データのそれぞれの点に「グリフ」（装飾用の小さな図形）を作ります。

「Properties」で細かく設定できます。

●Gradient

各点に対する「勾配ベクター」を計算します。

「どのスカラー列を計算するか」（Scalar Array）、「勾配を計算するか」（Compute Gradient）、「ダイバージェンスを計算するか」（Compute Divergence）などを設定できます。

●Image Data To AMR

画像をAMRデータに変換します。「レベル数」（Number of Levels）、「ブロックの最大数」（Maximum Number of Blocks）などを設定できます。

●Image Data To Point Set

画像を点のセットに変換します。

●Interpolate to Quadrature Points

「Quadrature Point」を補間する「スカラー/ベクター配列」を作ります。

●Intersect Fragments

2つの入力、フラグメントのジオメトリとフラグメントの中央、を取り、ジオメトリックな交点を生成します。

。Plane/Box/Sphereからスライスの形式を設定できます。

●Iso Volume

上限(Maximum)と下限(Minimum)の閾値でセルクリッピングします。

●K Means

データセットの統計モデルを計算するか、統計モデルをもつデータセットを調べます。

出力は「Statistical Model」と「Assessed Data」の2つ。「Task」で「入力データの詳細モデル/データのサブセットをモデリング/モデルをもつデータを調査/同じデータをモデリング&調査」を選びます。

「トレーニング分数」(Training Fraction)、「k値」(k)、「最大反復数」(Max. Iteration)、「Tolerance」(許容誤差)を設定できます。

●Level Scalars (Overlapping AMR)

階層をもつデータセット(オーバーラップありのAMR)のレベルの表示に「色」を使います。

●Linear Extrusion

入力データセットを指定されたベクターを使って変換します。「倍率」(Scale Factor)、「ベクター」(Vector)、「キャッピング(間を塞ぐ)するか」(Capping)、「プロセッサ数に依存した処理にするか」(Piece Invariant)を設定できます。2次元ポリゴン・データに対して動作します。

●Loop Subdivision

ポリゴンのメッシュの大きさを小さくします。

1つの三角形を4つの三角形に分割する。三角形のポリゴンにのみ動作するため、他のポリゴンの場合、三角形に変換する必要があります。「繰り返しの回数」(Number of Subdivisions)を設定できます。

●Mask Points

データセットの点の数を減らします。

「On Ratio」で、4を設定すると1/4の点を表示し、3/4を減らします。点の数の上限は「Maximum Number of Points」で設定されます。

●Median

画像/ボリュームのデータセットで動作し、各ピクセルの「Select Input Scalars」で指定したスカラー値のデータを「Kernel Size」で指定した範囲のピクセルのメジアン・スカラーに置き換えます。「Kernel Size」が「1」の場合は、計算しません。

●Merge Blocks

複合データセットを、1つの非構造グリッドに変換します。

●Mesh Quality

メッシュの各「三角形」「四角形」などのジオメトリ上の品質に合わせて彩色します。

多角形ごとに、何の品質を測定するかを設定できます。

「三角形の品質測定」(Triangle Quality Measure)、「四辺形の品質測定」(Quad Quality Measure)、「Tet Quality Measure」(三角錐の品質測定)、「Hex Quality Measure」(六面体の品質測定)の4種があります。

●Normal Glyphs

面法線を示すグリフ(装飾用の小さな図形)を付けます。

●Outline

xyz軸を基準に、「外枠」(直方体)を表示します。

●Outline Corners

xyz軸を基準に、「外枠」(直方体)を作り、その頂点部分だけを表示します。

●Outline Curvilinear DataSet

データセットの「外枠」(Bounding Box)ではなく、「外形の線」を生成します。

●Overlapping Cells Detector

同じ入力内で他のセルとオーバーラップしているセルを検出します。

●Pass Arrays

指定された点とセル・データからコピーした別の配列を生成します。

●Point Data to Cell Data

セルの点の属性を平均して、セルの属性を生成します。

●Process Id Scalars

どのプロセッサで処理されるかによって、ユニークなスカラー値を割り当て、彩色します。

●Programmable Annotation

テキストを生成するためのPythonスクリプトを実行します。フィルタをセットすると、サンプルのコードが表示されます。

```
to = self.GetTableOutput()
arr = vtk.vtkStringArray()
arr.SetName("Text")
arr.SetNumberOfComponents(1)
arr.InsertNextValue("This is YourString for this book")
to.AddColumn(arr)
```

図4-86　Pythonスクリプト(Annotation)

●Python Annotation

テキストの注釈をつけるために Python の記述を評価します。

文字列と [input, t_value, t_steps, t_range, t_index, FieldData, PointData, CellData] のような変数を「Expression」に記述します。

> 例：「can.ex2」で「Expressions」に「"Time %i: %f" % (t_index, t_value*50)」とすると、%i と %f の部分が実際の数字となって、表示される。

●Python Calculator

「Expression」に記述された Python を計算します。

「入力の配列」(Array Association)、「結果の配列」(Array Name) を指定し、計算は numpy と Paraview.vtk モジュールに依存します。

●Quadric Clustering

入力ポリゴン・データセットの低解像度のデータセットを生成します。このフィルタが、「LOD」を計算するために内部で使われています。

「xyz 方向にいくつに分割するか（粗さ）」(Number of Dimensions)、「入力点を使うか」(Use Input Points)、「特徴稜線を使うか」(Use Feature Edges)、「特徴点を使うか」(Use Feature Points)、「セル・データをコピーするか」(Copy Cell Data)、「内部三角形メッシュを使うか」(Use Internal Triangles) を設定できます。

●Random Attributes

指定されたデータ形式でランダムな属性を生成します。

「データの形式」(Data Type)、「数値の範囲」(Component Range)、「ブロックごとの定数に与える」(Attributes Constant Per Block)、「点のスカラーを生成する」(Generate Point Scalars)、「点のベクターを生成する」(Generate Point Vectors)、「セルのスカラーを生成する」(Generate Cell Scalars)、「セルのベクターを生成する」(Generate Cell Vectors) を設定できます。

●Random Vectors

ランダムな3次元の点データアレイを生成し、デフォルトのベクターアレイとして設定します。

「最小速度」(Minimum Speed)、「最大速度」(Maximum Speed)を設定できます。

●Rectlinear Data to Point Set

直行直線グリッドを、点のセットとして等価な構造グリッドとして出力します。

●Rectlinear Grid Connectivity

マルチブロックvtkRectilinearGridデータセットから選択したヴォリュームデータに基づいてフラグメントを抽出します。

●Redistribute dataset

ロードバランシング(負荷分散)を行なう場合の再配分を設定します。「Number Of Partitions」でデータセットの分割数を指定します。

●Reflect

指定された平面で入力データセットの鏡像を生成します。

「Plane」で、「X/Y/Z Min」は、各軸の最小値を鏡像の対称面とし、「X/Y/Z Max」は各軸の最大値を、「X/Y/Z」は各軸の原点を鏡像の対称面とします。

「Center」で、対称面を移動しします。「Copy Input」をチェックすると、フィルタ処理後も入力値が保持され、チェックを外すとフィルタ処理後は鏡像のみが表示されます。

また、「Flip All Input Arrays」は、入力の配列データも反転します。

●Resample AMR

AMRデータを再サンプリングします。

●Resample To Image

指定したディメンジョンで再サンプリングします。

●Resample with Dataset

データセットの点でデータの属性をサンプリングします。

使う際は、渡すデータを選択する項目を設定します。

●Ribbon

ストリームラインで使用する線(ライン)を「リボン」に変更します。

●Rotational Extrusion

データ(2次元ポリゴンデータ)をZ軸を中心に回転します。

「Resolution」は何ステップで1周になるかを指定します。

「回転後のポリゴンの底や側面となるような面の表示」(Capping)、「回転の合計の大きさ」(Angle)、「データを回転させているときにZ軸方向に移動する量」(Translation)、「データを回転させているときに回転の半径を変化させる量」(Delta Radius)を設定できます。

●Scatter Plot

データセットから散布図を作成します。

●Shrink

セルの中心に向かってセルの各頂点を小さくします。

「Shrink Factor」でどれくらい小さくするかを設定します。「Shrink Factor」が「1」のときにはフィルタを適用する前と同じで、数値が小さくなるとセルの大きさも小さくなります 。

●Slice (demand-driven-composite)

指定した「平面」、「直方体」、「球体」で入力データの面のデータを抽出します。

●Slice AMR Data

「Slice」フィルタをAMRデータに適用します。

●Slice Generic Dataset

「Slice」フィルタをGeneric Datasetに適用します。

●Smooth

ラプラシアンのスムージングを使って、点の位置を調整します。

「Number of Iterations」で反復数、「Convergence」で点の移動距離を制限します。

反復中に「Convergence」で設定した値よりも小さくなったときは、スムージング処理が停止します。

●Stream Tracer For Generic Datasets

「Stream Tracer」フィルタをGeneric Datasetに適用します。

●Stream Tracer With Custom Source

「シード」と呼ばれる点からベクター場に、「流線」を生成します。

「Stream Tracer」フィルタとの違いは、「あるシードの集合を使う点」です。

●Subdivide

1つの三角形を4つの三角形に繰り返し分割します。

「Number of Subdivisions」は、何回分割するかを設定します。

「Number of Subdivisions」が1のとき、三角形の数が4倍になります。

このフィルタは三角形にのみ作用するため、頂点の多いポリゴンがある場合は、「Triangulate」フィルタを適用して三角形のみにし、それから「Subdivide」フィルタを適用します。

●Surface Flow

2D表面のネットフローを計算します。

●Surface Vectors

ベクターの法線要素を除いて表面にベクターを配置します。

●Table To Points

「vtk」用に作られた表形式のデータ（vtkTable）を、XYZ座標の点（vtkPolyData）に変換します。

●Table To Structured Grid

「vtk」用に作られた表形式のデータ (vtkTable) を、「グリッド」(vtkStructuredGrid) に変換します。

●Temporal Particles To Pathlines

時間で変化する点の位置からパスをアニメーション化するポリラインを生成します。

●Tensor Glyph

テンソルを可視化するための楕円体、直方体、円柱、超2次関数のテンソル・グリフを生成します。

●Tessellate

非線形ジオメトリやスカラー値を、線形補間されたフィールド値でモザイク状 (碁盤目状) にします。「Output Dimension」を1〜3に設定でき、「1」の場合は「ライン (線) のセグメント」を、「2」の場合は「三角形」に、「3」の場合は「四面体」にします。

●Tetrahedralize

「3次元データを四面体」または、「2次元データを三角形」にします。

●Texture Map to Cylinder

仮想的に「円柱」を作り、入力データセットのポイントをオブジェクトの表面にマッピングして、テクスチャ用の座標を生成します。

●Texture Map to Plane

仮想的に「平面」を作り、入力データセットのポイントをオブジェクトの表面にマッピングして、テクスチャ用の座標を生成します。

●Texture Map to Sphere

仮想的に「球体」を作り、入力データセットのポイントをオブジェクトの表面にマッピングして、テクスチャ用の座標を生成します。

●Transform

オブジェクトの、「位置」「大きさ」「回転角度」を変更します。

●Triangle Stripes

「三角形」を「Triangle Strip」に、「線」を「polyline」に変換します。

●Triangulate

ポリゴン・データを三角形に分割して、オブジェクトが三角形だけで構成されるようにします。

●Tube

「線」（ストリームトレースなど）を「チューブ」の形状に変換します。

●Vortex Cores

並列ベクトルを使って渦コアのラインを計算します。

●Warp By Scalar

入力データセットを、ベクトルに沿って指定された変数（スカラー）の量だけ移動します。

●Warp By Vector

入力データセットを、指定されたベクターを使って移動します。

● Youngs Material Interface

ALEシミュレーション・コードなどによって生成される2D/3D混在セルにおける線形のマテリアル界面を計算します。

Column 「Catalyst」メニュー

本文では「Catalyst」メニューについての解説を省略しました。

このメニューは、Kitware社で開発したの別のオープンソース・ソフトウェアである「Catalyst」との連携のためのメニューです。

「Catalyst」のバイナリは配布されていないため、ソースからコンパイルする必要があります。「ParaView」と接続して使うため、少しだけ解説しておきます。

図4-86 「Catalyst」のWebページ

https://gitlab.kitware.com/paraview/catalyst

このページでは、「Catalyst」のソースコード、ビルドの手順書、ユーザガイドをダウンロードすることができます。

ソースコードでしか配布しない理由は、さまざまなOS、コンパイラ、MPIの組み合わせを維持することは難しいため、と説明されています。

■ParaViewのメニュー

「ParaView」から「Catalyst」の機能にアクセスするためのメニューが「Catalyst」メニューです。

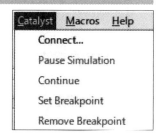

図4-87 「ParaView」の「Catalyst」メニュー

「Connect」をクリックして「Catalyst」にアクセスします。

「Catalyst」は「22222」番ポートを使用してデータをやり取りします。

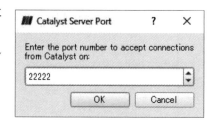

図4-88 「Catalyst」への接続

■Catalystのコンパイル

基本的な流れは、巻末の付録で記載している「ParaView」のコンパイルと同じです。「CMake」でプロジェクトを開くところから始めます。

「ParaView」のビルドと同じように、「Browse Source」ボタンをクリックし、ソースファイルの中のフォルダから、ビルドしたい形式、たとえば、コマンドラインで実行させるCatalystの場合は「CommandLineExecutables」等、を選択します。

「Browse Build」ボタンで、出力先のフォルダを指定し、「Configure」ボタンをクリックします。コンパイル環境を設定して処理を始めます。

設定項目で赤く表示されている部分を順に消していき、「Configure」ボタンを押してもあ改行がなくなれば、「Generate」ボタンをクリックして、ビルド用のファイル一式を生成します。

次に、「Configure」で指定したコンパイラ(Visual C++)でプロジェクトファイルを開いて、「Release」モードにして最終の実行形式にします。

第5章

設定（「Settings」画面）の詳細

「Edit」⇒「Settings」メニューで開く設定画面には多くの機能があります。GUIの各項目に説明文がありますが、本章でまとめておきます。（バージョン 4.x の時と大きく項目が変わりました）

5-1 「General」タブ

「General」タブは「ParaView」の全体的な動きや表示に関する設定を行なう画面です。

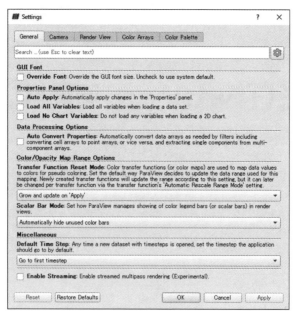

図5-1 「General」タブ

■GUI Font

●Override Font

画面上の文字はシステムのデフォルトを使っていますが、チェックすると、サイズを指定して文字サイズを変えることが可能です。

■Properties Panel Options

●Auto Apply

「Properties」パネルの変更時に「Apply」ボタンを押さなくても自動的に適用するかを設定します。

●Load All Variables

データセットを読み込むときに、すべての変数を読み込みます。

●Load No Chart Variables

2Dチャートを読み込むときに、変数を読み込みません。

■Data Processing Option

●Auto Convert Properties

フィルタの必要性に応じてデータ列を自動的に変換します。セル列を点の列に、あるいはその逆、複数コンポーネントの列からの単一のコンポーネントの抽出などを行ないます。

■Color/Opacity Map Range Options

●Transfer Function Reset Mode

色のトランスファー関数（またはカラーマップ）を使うとき、データ範囲をいつ、どのように更新するかを設定します。
・「Apply」の適用時に更新＋増分（Grow and update on 'Apply'）
・タイムステップごとに更新＋増分（Grow and update every timestep）
・「Apply」適用時に更新（Update on 'Apply'）
・タイムステップごとに固定＋更新（Clamp and update every timestep）
から、選択可能です。

●Scalar Bar Mode

画面に色の凡例を表示するかどうかを設定します。

■Miscellaneous

●Default Time Step

タイムステップをもつデータセットを開くときのデフォルトの位置を設定します。

5-2 「Camera」タブ

「Camera」タブは2D/3Dオブジェクトの見る方向（カメラの位置）や拡大縮小に関する設定を行ないます。

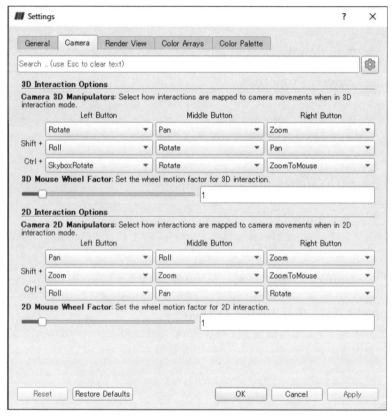

図5-2 「Camera」タブ

■3D Interaction Options

●Camera 3D Manipulators

「3次元表示」において、マウスのボタンとキーの組み合わせで、カメラをどのように動かすかを設定します。操作は、「Pan」「Roll」「Rotate」「Multi-Rotate」「Zoom」「ZoomToMouse」「SkuboxRotate」から選択します。

●3D Mouse Wheel Factor

マウスホイールでの拡大縮小のステップを設定します。

■2D Interaction Options

●Camera 2D Manipulators

「3次元表示」において、マウスのボタンとキーの組み合わせで、カメラをどのように動かすかを設定します。操作は、「Pan」「Roll」「Rotate」「Zoom」「ZoomToMouse」から選択します。

●2D Mouse Wheel Factor

マウスホイールでの拡大縮小のステップを設定します。

5-3 「Render View」タブ

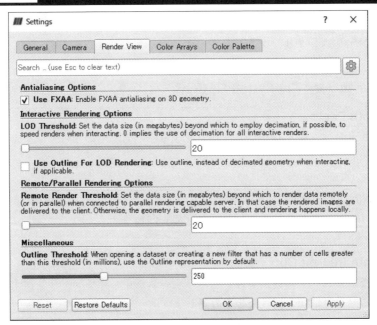

図5-3 「Render View」タブ

デフォルトでは、一部の設定項目だけが表示されています。画面右上の歯車アイコンをクリックすると、詳細な設定画面が表示されます。

■ Geometry Mapper Options

● Resolve Coincident Topology

表面が線と点に一致するとき、OpenGLレンダリングを上回るようなモードを設定します。

● Polygon Offset Parameters

ポリゴンの深度を調整するオフセットパラメータです。

● Line Offset Parameters

ポリゴンの場合と同じ線に対するオフセットパラメータです。

● 【Point Offset Parameters】

ポイントをレンダリングするときのオフセットパラメータです。

■ Translucent Rendering Options

● Depth Peeling

透明なポリゴンを正しくレンダリングする透明の深度のピーリングの設定です。

● Maximum Number Of Peels

ピーリングを行なうときのピーリング最大回数です。

● Depth Peeling Options

透明なポリゴンで複数が混合したボリュームを正しくレンダリングするために、ピーリング情報の受け渡しを設定します。

■Antialiasing Options

●Use FXAA

3Dジオメトリに FXAA (Fast approximate anti-aliasing) を使う設定です。

●Relative Contrast Threshold」/「Hard Contrast Threshold」/「Subpixel Blend Limit」/「Subpixel Contrast Threshold」

FXAAを使用するときのコントラストやフィルタリングの設定です。

●Improve Single Pixel Lines

エンドポイントの検出の精度の設定です。

●Endpoint Search Iterations

エンドポイントの検出範囲の半径です。

Tone Mapping Options

●Tone Mapping Type

階調のマッピング形式を設定します。「GenericFilmic」を選択すると、「Generic Filmic Preset」の項目が開きます。「Custom」を選択すれば、詳細なパラメータが設定可能です。

■Ambient Occlusion Options

●Use Default Present

アンビエント・オクルージョン (環境光がどの程度さえぎられているか)のデフォルトを使う設定です。

●Kernel Size

SSAO (スクリーンスペース・アンビエント・オクルージョン)のカーネルサイズです。

●Blur

アンビエント・オクルージョンのブラーのオン/オフの設定です。

■Interactive Rendering Options

●LOD Threshold

インタラクティブ操作を軽くするために間引きをするときのサイズの閾値(MB[メガバイト])を設定します。「0」はすべてに適用されます。

●LOD Resolution

インタラクティブ操作を軽くするために間引きをするときの解像度の設定です。「0」から「1」の範囲で設定可能です。

●Non Interactive Render Delay

インタラクティブ操作で間引きをしているとき、最大解像度に戻すまでの遅延時間(秒)を設定します。

●Window Resize Non Interactive Render Delay

ウィンドウのサイズを変更後に最大解像度間に戻すまでの遅延時間(秒)を設定します。

■Remote/Parallel Rendering Options

●Remote Render Threshold

並列計算可能なサーバーに接続しているときに、リモートまたは並列でレンダリングするときの閾値(MB[メガバイト])を設定します。

●Still Render Image Reduction Factor

並列処理環境において、インタラクティブではないレンダリングの場合、大きなタイルのレンダリング処理をサブサンプリングする設定です。

■Client/Server Rendering Options

●Image Reduction Factor

インタラクティブ操作中の画像構築処理を避けるために、サブサンプリングの値を設定します。「1」はサブサンプリングを使いません。

■Image Compression

サーバーからクライアントにレンダリングされた画像を転送するときに使われる圧縮方法の設定です。「LZ4（デフォルト）」「Squirt」「Zlib」の中から選択可能です。

■Miscellaneous

●Outline Threshold

データセットを開いたり、フィルタを適用した際に、この閾値（100万）以上のセルがあるときには、デフォルトで「Outline」を表示します。

●Default Interaction Mode

データセットを開いたときの、インタラクティブ・モードの設定です。

5-4 「Color Arrays」タブ

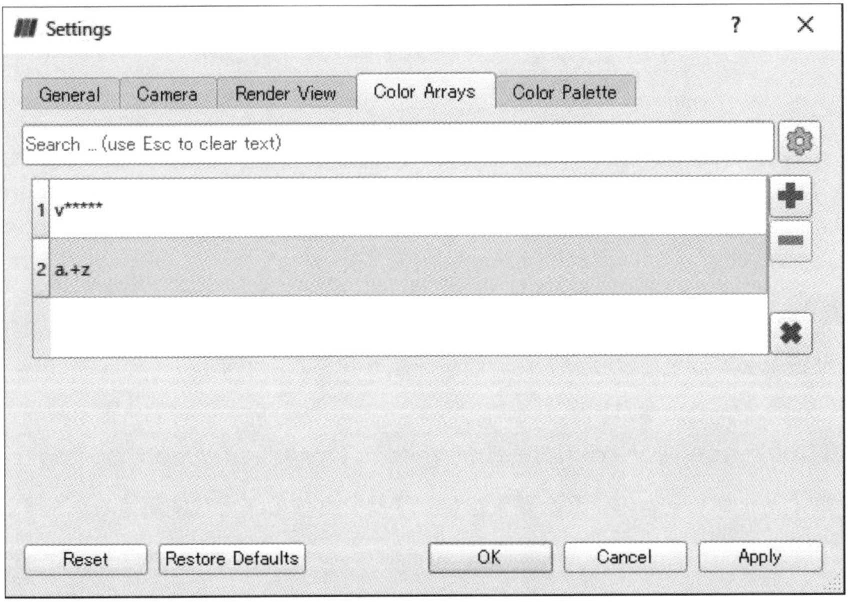

図5-4 「Color Arrays」タブ

カラーリングのリストに表示しない配列名を定義します。配列名は正規表現を使って記述します。

「Reset to Default」はデフォルト(空白)に戻します。

5-5 「Color Palette」タブ

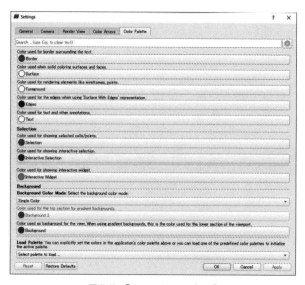

図5-5 「Color Palette」タブ

■Color used when solid coloring surfaces and faces

サーフェスなどでソリッドな着色を行なうときの色です。

■Color used for rendering elements like wireframes, points

ワイヤーフレームのような要素をレンダリングするときに使用する色です。

■Color used for the edges when using 'Surface With Edges' representation

ワイヤーフレームをもつサーフェスを使うときの境界に使う色です。

■Color used for text and other representations

テキストやその他のアノテーションに使う色です。

■Selection

●Color used for showing selected cells/points

選択したセル、点の色です。

●Color used for interactive selection

インタラクティブ操作するときに選択したセル、点の色です。

■Background

●Back Ground Color Mode

背景を単色かグラデーションかを切り替えます。

●Color used for the top section for gradient background

グラデーションの場合の最高のセクションで使う色を指定します。

●Color used as background for the view

背景色の設定です。

■Load Palette

予め定義されたカラーパレットを読み込むかどうかを設定します。

*

「Reset to Default」は、デフォルトに戻します。

第6章

シーン作成

本章では、背景、マテリアル、レイトレーシングなどを使って、現実の世界に近いシーンを作ります。

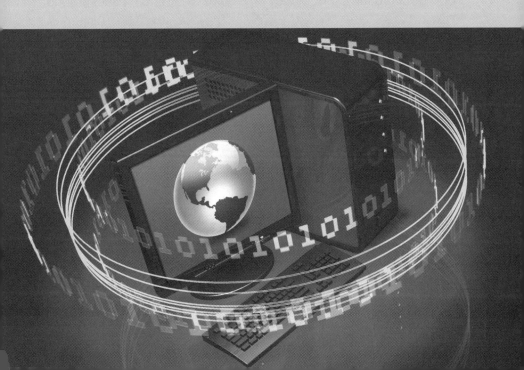

6-1　背景の設定

「ParaView」では、「SkyBox」用の背景画像（全球背景）を使うことができます。

手　順

[1] 何らかのオブジェクトを表示します。ここでは、「Superquadric」を表示し、少し解像度を上げておきます。

[2] 左の「Properties」の「Background」セクションで、「Use Color Palette For Background」のチェックを外します。

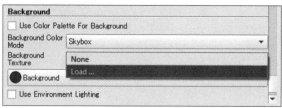

図6-1　背景画像の設定

[3] 「Background Color Mode」を「Skybox」に設定し、「Background Texture」のメニューで「Load」を選択し、「SkyBox」の背景画像（.jpg）を選択します。選択するとすぐに反映され、マウスで回転させると背景が連動していることがわかります。

図6-2　背景画像の適用後

6-2　表面の設定

　実際のシーンに近づけるには、その物体の表面がどのようになっているかを設定します。

　ここでは、6-1に続いて、物体が金属で作成されていて、周囲の景色が映り込んでいる様子を作ります。

手　順

[1] 左の「Properties」の「Lighting」セクションで、「Interpolation」を「PBR」に設定します。

[2] 「Luminosity」「Diffuse」「Roughness」はデフォルトのままで、「Metallic」を「1」にすると、表面が金属となり、周囲の景色が映り込みます。

図6-3　表面をメタリックに変更

　各項目は、次のような設定を示しています。

Luminosity	オブジェクトが発光しているかどうかを設定。
Diffuse	オブジェクトの光の拡散の度合いの設定。
Roughness	オブジェクトの表面の粗さ（ざらつき）の設定。
Metalic	オブジェクトの表面の金属的な度合いの設定。

6-3　表面への画像の貼り付け

　オブジェクトの表面に、図柄のパターンや、オブジェクトの形に合わせたロゴ入りのデザインなどを貼り付けます。

　6-2に続いて操作します。

手　順

[1] 左の「Properties」の「Lighting」セクションで、「Base Color Texture」の「Load」を選択して、画像ファイルを指定します。

図6-4　表面に国連の旗を張り付けた画像

　どの種類のテクスチャを指定するかによって、「Properties」内の表示項目が変わります。

　たとえば、「Material Texture」で画像を指定した場合、「Occlusion Strength」が有効になり、アンビエント・オクルージョンの強さを設定できます。

　「Emissive Texture」を指定した場合、「Emissive Factor」が有効になり、光のRGBそれぞれの強さを設定できます。

6-4　テクスチャの設定

　オブジェクトの表面のテクスチャ（材質）を設定します。金属（金、銀など）、布地を設定して、その他の画像を貼り付けます。

　6-3に続いて操作します。

手　順

[1] 左の「Properties」から、「Ray Traced Rendering」セクションの「Enable Ray Tracing」にチェックを入れます。

[2]「Properties」内の「Back End」で「OSPRay pathtracer」を選択します。

[3]「Properties」内の「Ray Tracing」セクションの「Material」で、マテリアルを選択します。

　（必要があれば、「File」メニューの「Load Path Tracer Materials」から、「ParaView」のインストールフォルダ内の「Materials」フォルダの「ospray_mats.json」を読み込みます）

図6-5　「Material」で「Metal_Copper_Mirror」を選択した画像

第**7**章

Python スクリプト

「ParaView」は Python を使って、プログラムをコントロールできます。

本章では、いくつかの簡単なサンプルを使って説明します。

7-1 Pythonシェルの起動

　別途Pythonをインストールしなくても、Pythonのプログラミング環境は「ParaView」に組み込まれています。

　「ParaView 5.10」には、「Python 3.9」が実装されているので、Pythonの参考書などを見るときには「バージョン3.9」のものを使ってください。

　インストールされている「ParaView」がPythonをサポートしているか確認するには、「ParaView」を起動して、|Help」メニューから「About」を選択します。

　Pythonがサポートされていれば、「Embedded Python」が「On」になっています。その他のPythonに関する情報も表示されています。

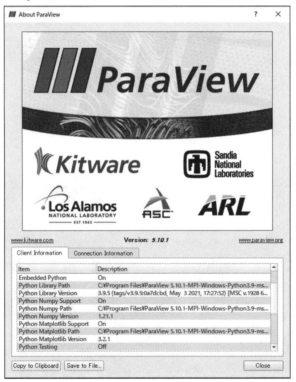

図7-1 「Python」のサポートの確認

手 順

[1]「ParaView」を起動し、「View」メニューから「Python Shell」を選択します。

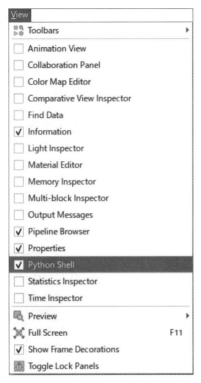

図7-2 「View」->「Python Shell」を選択

[2] Pythonのプログラミングができるシェルが起動します。

図7-3 Python Shell

7-2 Pythonでプログラミング

ここではオブジェクトを作成して、オブジェクトにフィルタを適用する簡単な例を示します。

手 順

[1] プロンプト(>>>)に対して、

```
>>> sphere = Sphere()
```

と入力して、リターン・キーを押します。

「パイプライン・ブラウザ」(Pipeline Browser)に「球体」(Sphere)が追加されます。

メニューで「Sources」->「Sphere」を選択したときと同じ動作です。

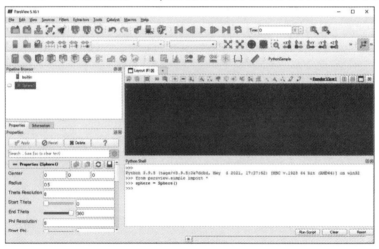

図7-4 「Pipeline Browser」に「Sphere」が追加

[2] プロンプト(>>>)に対して、

```
>>> Show(sphere)
```

と入力して、リターン・キーを押します。

3次元表示部分に、「球体」が表示されます。「Properties」画面の「Apply」ボタンを押したときと同じ動作です。

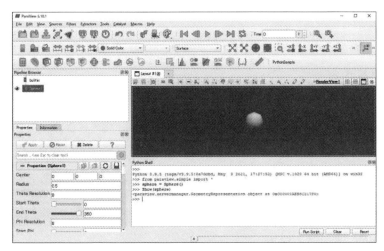

図7-5 「球体」(Sphere)が表示

[3] 「球体」についての各種の値を取得してみます。文法は「オブジェクト名+"."+属性」です。

【中心座標】

```
>>> sphere.Center
[0.0, 0.0, 0.0]
```

【半径】

```
>>> sphere.Radius
0.5
```

【θ解像度】

```
>>> sphere.ThetaResolution
8
```

[4] Pythonで値を設定してみます。

　リターン・キーを押しただけでは3次元表示に反映されないので、「Pipline Browser」で、目のアイコンをクリックして非表示にして、再表示すると、値が反映されています。

【半径】

```
>>> sphere.Radius = 1.0
```

【θ解像度】

```
>>> sphere.ThetaResolution = 20
```

[5] 取得した値を変数に入れ、計算をしてから、値を書き戻す例を示します。

【θ解像度の値を3倍にする】

```
>>> resValue = sphere.ThetaResolution
>>> resValueNew = resValue * 3
>>> sphere.ThetaResolution = resValueNew
```

[6] 次に、フィルタを適用します。ここでは簡単な「Shrink」フィルタを考えます。

フィルタの適用は「フィルタ名」(オブジェクト名)です。フィルタの属性の設定はオブジェクトの属性の設定と同じです。

```
>>> sphere = Sphere()
>>> shrinkFilter = Shrink(sphere)
>>> shrinkFilter.ShrinkFactor = 0.4
>>> Show(shrinkFilter)
```

これは「Shrink」フィルタを「Shrink Factor」を「0.4」にして適用したスクリプトです。

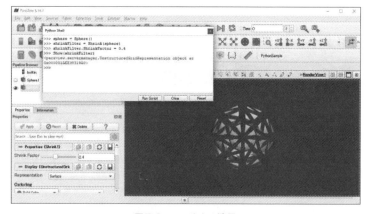

図7-6　フィルタの適用

■ヘルプの表示

helpコマンドを使うと、オブジェクトやフィルタなどについての説明を見ることができます。

```
>>> help(Sphere)
Help on function Sphere in module paraview.simple:

Sphere(*input, **params)
The Sphere source can be
used to add a polygonal sphere to the 3D scene. The output
of the Sphere source is polygonal data with point normals
defined.
This function creates a new proxy. For pipeline objects
that accept inputs, all non-keyword arguments are assumed
to be inputs. All keyword arguments are assumed to be
property,value pairs and are passed to the new proxy.
```

helpでは、使うことができるオブジェクトや関数の一覧を取得できます。

■「ParaView」に含まれるパッケージ

「PACKAGE CONTENTS」の部分がパッケージのリストで、それぞれのパッケージにオブジェクトや関数が含まれます。

```
>>> help(paraview)
Help on package paraview:

NAME
paraview

<中略>

PACKAGE CONTENTS

<一部をピックアップ>

algorithms (package)
apps (package)
benchmark (package)
```

```
catalyst (package)
collaboration
coprocessing
detail (package)
modules (package)
numeric
numpy_support
pv-vtk-all
python_view
selection
servermanager
simple
tests (package)
util (package)
variant
vtk
vtkConstants
web (package)

SUBMODULES
vtkRemotingCore

CLASSES
builtins.Exception(builtins.BaseException)
NotSupportedException
builtins.object

<以下略>
```

「simple」について掘り下げてみます。「paraview.simple」で、「simple」の詳細を見ることができます。

```
>>> help(paraview.simple)
Help on module paraview.simple in paraview:

NAME
paraview.simple

DESCRIPTION
```

```
simple is a module for using paraview server manager in
Python. It
provides a simple convenience layer to functionality
provided by the
C++ classes wrapped to Python as well as the servermanager
module.
A simple example::
from paraview.simple import *
# Create a new sphere proxy on the active connection and
register it
# in the sources group.
sphere = Sphere(ThetaResolution=16, PhiResolution=32)
# Apply a shrink filter
shrink = Shrink(sphere)
# Turn the visibility of the shrink object on.
Show(shrink)
# Render the scene
Render()

FUNCTIONS
ADIOS2CoreImageReader(*input, **params)
Reader to read ADIOS2 files as vtkImageData.

<以下略: 大量の関数のリストとその説明>
```

　もう1つの重要なパッケージはVTKです。こちらは一覧だけで説明はありません。詳細はVTKのドキュメントを読む必要があります。

```
>>> help(paraview.vtk)
Help on package paraview.pv-vtk-all in paraview:

NAME
paraview.pv-vtk-all

PACKAGE CONTENTS
all
gtk (package)
numpy_interface (package)
qt (package)
test (package)
```

```
tk (package)
util (package)
vtkAcceleratorsVTKmCore
vtkAcceleratorsVTKmDataModel
vtkAcceleratorsVTKmFilters
vtkChartsCore

<中略>

FUNCTIONS
buffer_shared(...)
Check if two objects share the same buffer, meaning that
they point to the same block of memory. An TypeError
exception will be raised if either of the objects does not
provide a buffer.

DATA
VTK_21_POINT_WEDGE = True
VTK_3D_EXTENT = 1
VTK_ABSTRACT_ELECTRONIC_DATA = 42

<以下略>
```

　この一覧だけで、多くの「オブジェクト」と「関数」が使えることが分かるでしょう。

　名前はユーザー・インターフェイスを基にしているため、名前を読むだけでどのようなことができるかを予想できます。

　次にオブジェクトについての、属性を取得、設定する方法を見ます。たとえば、「Sphere」の例で見た「解像度」や「半径」のような値です。

　「help」はオブジェクトを作成してから、そのオブジェクトを参照します。「Sphere」は次のようになります（説明部分は省略）。

```
>>> sphere = Sphere()
>>> help(sphere)
Help on Sphere in module paraview.servermanager object:

class Sphere(SourceProxy)
```

```
| Sphere(**args)
|
| The Sphere source can be
| used to add a polygonal sphere to the 3D scene. The
output
| of the Sphere source is polygonal data with point normals
| defined.
|
| Method resolution order:
| Sphere
| SourceProxy
| Proxy
| builtins.object
|
| Methods defined here:
|
| Initialize = aInitialize(self, connection=None,
update=True)
|
| ----------------------------------------------------------
| Data descriptors defined here:
|
| Center
| EndPhi
| EndTheta
| PhiResolution
| Radius
| StartPhi
| StartTheta
| ThetaResolution
| ----------------------------------------------------------
| Methods inherited from SourceProxy:
|
| FileNameChanged(self)
| GetCellDataInformation(self)
| GetDataInformation(self, idx=None)
| GetFieldDataInformation(self)
| GetPointDataInformation(self)
| UpdatePipeline(self, time=None)
| UpdatePipelineInformation(self)
| __getitem__(self, idx)
```

```
|
| ----------------------------------------------------------
| Data descriptors inherited from SourceProxy:
|
| CellData
| FieldData
| PointData
|
```

<以下略>

「Data descriptors defined here」に続く部分が、設定できる項目です。
「Sphere」を作ったときに、「Properties」に表示されている項目に対応します。

■Pythonプログラムを読み込ませる

コマンドを1つずつ実行する(インタラクティブ)のではなく、プログラムを
保存して、実行する(バッチ処理)ことができます。

手 順

[1] テキストエディタを使って、次のようなPythonプログラムを作り、「test.
py」という名前で保存します。拡張子「.py」が、Pythonであることを示します。

```
cone = Cone()
cone.Resolution = 30
shrinkFilter = Shrink()
shrinkFilter.ShrinkFactor = 0.5
Show(shrinkFilter)
```

このプログラムの流れは、

①角錐のオブジェクトを作成
②解像度を「30」に設定
③Shrink フィルタを適用
④Shrink フィルタのパラメータを設定
⑤Shirnk フィルタ適用後のオブジェクトを表示

です。

[2]「Python Shell」の画面の左下の、「Run Script」ボタンをクリックします。

[3] ファイルを指定する画面が開いたら、作成した「test.py」を指定します。

[4] 自動的にプログラムが実行され、結果が表示されます。

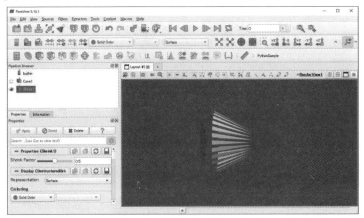

図7-7　プログラミングの実行結果

[5] Pythonのプログラム内では、通常のプログラミング言語と同様に、「繰り返し処理」や「条件判断」などができます。
　短いプログラムですが、次は解像度を順にあげて、「Pipeline Browser」に三角錐オブジェクトを作成し、すべて重ねて表示するプログラムです。

```python
cone = Cone()
for res in range (8,20):
  cone.Resolution = res
  Show(cone)
```

　「for」はPythonの「繰り返し」文の記述で、「res」という変数を「8」から「19」まで順にあげていきます。

■Pythonプログラムでアニメーションをコントロール

サンプルの時系列データ（can.ex2）を使って、Pythonプログラムの説明をします。

「can.ex2」は「ExodusII」のデータなので、「ExodusII」リーダーを指定します。下記の例では、ファイルの場所を、フルパスで指定しています。

また、アクティブなカメラを取得し、カメラの位置を調整しています。

```
>>> reader = ExodusIIReader(FileName="C:/Data/can.ex2")
>>> Show(reader)
<paraview.servermanager.UnstructuredGridRepresentation
object at 0x0000025E3A586910>
>>> Render()
<paraview.servermanager.RenderView object at
0x0000025E3A5FF130>
>>> c= GetActiveCamera()
>>> c.Elevation(95)
>>> AnimateReader(reader)
<paraview.servermanager.AnimationScene object at
0x0000025E3A586910>
```

「AnimateReader(reader)」でリターン・キーを押したら再生が始まります。実際には、一瞬で再生が終わります。

アニメーションをムービーファイルで保存するには、「SaveAnimation()」を使います。

```
>>> SaveAnimation("C:/Data/can.avi")
Warning: In C:\glr\builds\paraview\paraview-ci\build\
superbuild\paraview\src\Remoting\Animation\
vtkSMSaveAnimationProxy.cxx, line 341
vtkSMSaveAnimationProxy (0000025E4471F930): The requested
resolution '(792, 413)' has been changed to '(792, 412)' to
match format specification.

True
>>>
```

7-3　フィルタのプログラミング

　Pythonのプログラミングが活きてくるもう1つのケースは、カスタムのフィルタを使う場合です。実際のサンプルをいくつか見ることで、その動きを追っていきます。

　サンプルのプログラムは、

https://www.paraview.org/Wiki/Python_Programmable_Filter

にあるものを使います。

　Webサイトの最初のサンプルです。
　元のオブジェクトを(計算式によって)Z軸方向に潰すフィルタです。

```
pdi = self.GetPolyDataInput()
pdo =  self.GetPolyDataOutput()
newPoints = vtk.vtkPoints()
numPoints = pdi.GetNumberOfPoints()
for i in range(0, numPoints):
    coord = pdi.GetPoint(i)
    x, y, z = coord[:3]
    x = x * 1
    y = y * 1
    z = 1 + z*0.3
    newPoints.InsertPoint(i, x, y, z)
pdo.SetPoints(newPoints)
```

　このプログラムで「self」が、このオブジェクトの入出力データを指します(3次元画面で表示されているデータ)。画面に表示がなければ「self」がないため、動作しません。

　このプログラムは次の処理を意味します。

pdi	画面に表示されているデータ(入力)
pdo	画面に表示する結果データ(出力)
newPoints	計算された後の点のデータの集合

①点の数を取得する
②点の座標データを取得する
③Xは変化させない(1をかけているのはわかりやすくするため)

④Yは変化させない（1をかけているのはわかりやすくるため）

⑤Zは、座標を1ずらして、0.3倍してZ方向に圧縮する

⑥以上を「for文」で点の数だけ繰り返す

⑦計算結果を画面にプロットする

手　順

[1]「Sources」→「Sphere」で「球体」を作ります（形は何でも構いません）。

[2] 上述のWebサイトのプログラムの部分を選択し、コピーします。

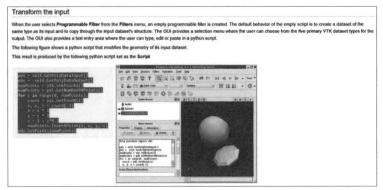

図7-8　プログラム部分をコピー

[3]「Filters」→「Alphabetical」→「Programmable Filter」を選択し、「Properties」の「Script」の部分にペーストします。

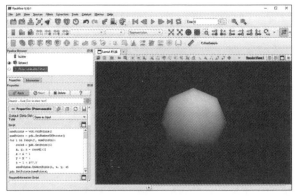

図7-9　プログラム部分をペースト

[4] [Apply] をクリックすると、Pythonプログラムが実行されます。

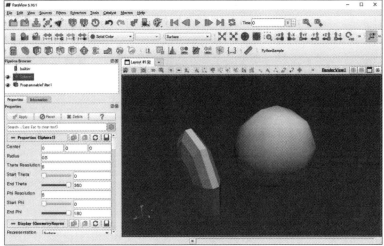

図7-10　実行結果

　これを応用すると、Pythonで独自の計算式を実装したデータを変換するフィルタを作ることができます。

7-4 データのプログラミング

これまで、オブジェクトを操作するときの説明には、主に「Sources」の「Sphere」「Cone」のようなものを使ってきました。ここでは、オブジェクトをPythonプログラムを使って生成する方法を説明します。複雑なプログラムを作ると、複雑な図形を表示することが可能になります。

サンプルのプログラムは

```
https://www.paraview.org/Wiki/Python_Programmable_Filter
```

にあるものを使います。

これらのプログラムを作るには「ParaView」のベースとなっている「VTK」の関数やオブジェクトが必要です。

今回は、Webサイトの「Programmable Source: Double Helix」のコードを使います(コメントは筆者が訳)。

```python
#このスクリプトは二重らせんを生成する
#'Programmable Source'用のスクリプトとして使用する
import math

numPts = 80 #各らせん上の点
length = 8.0 #各らせんの長さ
rounds = 3.0 #回転させる回数
phase_shift = math.pi/1.5 #らせん間のフェーズシフト

#出力用のvtk.PolyDataオブジェクトを取得
pdo = self.GetPolyDataOutput()

#らせんの点を保存する
newPts = vtk.vtkPoints()
for i in range(0, numPts):
    #1つ目のらせんの点を生成
    x = i*length/numPts
    y = math.sin(i*rounds*2*math.pi/numPts)
    z = math.cos(i*rounds*2*math.pi/numPts)
    newPts.InsertPoint(i, x,y,z)

    #2つ目のらせんの点を生成。YとZにフェーズオフセットを適用
```

```python
    y = math.sin(i*rounds*2*math.pi/numPts+phase_shift)
    z = math.cos(i*rounds*2*math.pi/numPts+phase_shift)
    #らせん1の点から離しておくために、らせん2の点を'numPts'だけオフセット
    newPts.InsertPoint(i+numPts, x,y,z)

#vtkPolyDataオブジェクトに点を入れる
pdo.SetPoints(newPts)

#カーブデータを入れるための2つのvtkPolyLineオブジェクトを作成
aPolyLine1 = vtk.vtkPolyLine()
aPolyLine2 = vtk.vtkPolyLine()

#線に沿う点の数を示す
aPolyLine1.GetPointIds().SetNumberOfIds(numPts)
aPolyLine2.GetPointIds().SetNumberOfIds(numPts)
for i in range(0,numPts):
    #1つ目のらせん - 1つ目の点の集合を使用
    aPolyLine1.GetPointIds().SetId(i, i)
    #2つ目のらせん - 2つ目の点の集合を使用
    #(点は'numPts'でオフセット)
    aPolyLine2.GetPointIds().SetId(i,i+numPts)

#追加する「セル」の数を配置
#らせん曲線には2つの「セル」を、らせん状の3つごとの点に1つの「セル」

links = range(0,numPts,3)
pdo.Allocate(2+len(links), 1)

#vtkPolyDataオブジェクトにポリライン「セル」を追加
pdo.InsertNextCell(aPolyLine1.GetCellType(), aPolyLine1.
GetPointIds())
pdo.InsertNextCell(aPolyLine2.GetCellType(), aPolyLine2.
GetPointIds())

for i in links:
    #2つのらせんをつなぐ線を追加
    aLine = vtk.vtkLine()
    aLine.GetPointIds().SetId(0, i)
    aLine.GetPointIds().SetId(1, i+numPts)
    pdo.InsertNextCell(aLine.GetCellType(), aLine.
GetPointIds())
```

手 順

[1]「Sources」→「Programmable Source」を選択します。

[2] 上述の Web サイトのプログラムの部分を選択してコピーし、「Properties」の「Script」の部分にペーストします。

[3]「Apply」をクリックすると、Python プログラムが実行されます。

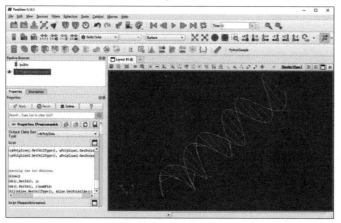

図7-11　実行結果

「Programmable Source」で元の図形・物体・オブジェクトを作り、「Programmable Filter」で複雑なフィルタを適用することで、標準機能だけではない独自の可視化、データ処理ができます。

7-5　　　　操作のレコーディング

　ここでは、実際に「ParaView」を手動で操作しながら、その操作をレコーディングし、Pythonプログラムを生成する方法を説明します。

　ここでは、まったくデータがない状態(「Pipeline Browser」に何もない状態)から、次の操作を行ないます。

手　順

[1] 「Tools」→「Start Trace」を選択します。

[2] 「Trace Options」画面では、どこまでの操作を記録するかを設定できます。

　「Color maps, color bar, etc.」では、カラーマップのようなものを変更したときの操作を記録するか、「Skip Rendering Components」は、「Representation」の変更のようなものを記録するか、「Show Incremental Trace」は、すでに生成されている記録に追加するためのスクリプトを生成するかを設定します。

[3] 「OK」ボタンを押すと、記録が始まります。

[4] 「File」メニュー　⇒　「Open」で、「ParaView」インストールフォルダの「examples」を開き、「can.ex2」を開きます。

[5] 「Apply」ボタンを押して、オブジェクトを表示します。

[6] 上のツールバーでアニメーションの再生ボタンを押して、アニメーションを再生します。

[7] 再生が終わったら、「Tools」メニューから「Stop Trace」を選択します。

　すると、「ParaView Python Script Editor」の画面が開き、記録されたプログラムが表示されます。

　出力は次のようになります。

```
# trace generated using paraview version 5.10.1
#import paraview
#paraview.compatibility.major = 5
#paraview.compatibility.minor = 10


#### import the simple module from the paraview
from paraview.simple import *
#### disable automatic camera reset on 'Show'
paraview.simple._DisableFirstRenderCameraReset()

# create a new 'IOSS Reader'
canex2 = IOSSReader(registrationName='can.ex2',
FileName=['C:\\Program Files\\ParaView 5.10.1-MPI-Windows-
Python3.9-msvc2017-AMD64\\examples\\can.ex2'])
canex2.ElementBlocks = ['block_1', 'block_2']
canex2.NodeBlockFields = ['accl', 'displ', 'vel']
canex2.ElementBlockFields = ['eqps']
canex2.NodeSets = []
canex2.SideSets = []

# get animation scene
animationScene1 = GetAnimationScene()

# update animation scene based on data timesteps
animationScene1.UpdateAnimationUsingDataTimeSteps()

# get active view
renderView1 = GetActiveViewOrCreate('RenderView')

# show data in view
canex2Display = Show(canex2, renderView1, 'UnstructuredGrid
Representation')

# trace defaults for the display properties.
canex2Display.Representation = 'Surface'
canex2Display.ColorArrayName = [None, '']
canex2Display.SelectTCoordArray = 'None'
canex2Display.SelectNormalArray = 'None'
canex2Display.SelectTangentArray = 'None'
canex2Display.OSPRayScaleArray = 'accl'
canex2Display.OSPRayScaleFunction = 'PiecewiseFunction'
```

```
canex2Display.SelectOrientationVectors = 'None'
canex2Display.ScaleFactor = 1.6268647462129593
canex2Display.SelectScaleArray = 'None'
canex2Display.GlyphType = 'Arrow'
canex2Display.GlyphTableIndexArray = 'None'
canex2Display.GaussianRadius = 0.08134323731064796
canex2Display.SetScaleArray = ['POINTS', 'accl']
canex2Display.ScaleTransferFunction = 'PiecewiseFunction'
canex2Display.OpacityArray = ['POINTS', 'accl']
canex2Display.OpacityTransferFunction = 'PiecewiseFunction'
canex2Display.DataAxesGrid = 'GridAxesRepresentation'
canex2Display.PolarAxes = 'PolarAxesRepresentation'
canex2Display.ScalarOpacityUnitDistance = 1.150358584419572
canex2Display.OpacityArrayName = ['POINTS', 'accl']

# init the 'PiecewiseFunction' selected for
'ScaleTransferFunction'
canex2Display.ScaleTransferFunction.Points = [-17410432.0,
0.0, 0.5, 0.0, 10417306.0, 1.0, 0.5, 0.0]

# init the 'PiecewiseFunction' selected for
'OpacityTransferFunction'
canex2Display.OpacityTransferFunction.Points =
[-17410432.0, 0.0, 0.5, 0.0, 10417306.0, 1.0, 0.5, 0.0]

# reset view to fit data
renderView1.ResetCamera(False)

# get the material library
materialLibrary1 = GetMaterialLibrary()

# update the view to ensure updated data information
renderView1.Update()

# set scalar coloring
ColorBy(canex2Display, ('FIELD', 'vtkBlockColors'))

# show color bar/color legend
canex2Display.SetScalarBarVisibility(renderView1, True)

# get color transfer function/color map for
```

```
'vtkBlockColors'
vtkBlockColorsLUT = GetColorTransferFunction('vtkBlockColo
rs')

# get opacity transfer function/opacity map for
'vtkBlockColors'
vtkBlockColorsPWF = GetOpacityTransferFunction('vtkBlockCol
ors')

animationScene1.Play()

#=========================================================
# addendum: following script captures some of the
application
# state to faithfully reproduce the visualization during
playback
#=========================================================

# get layout
layout1 = GetLayout()

#-----------------------------------
# saving layout sizes for layouts

# layout/tab size in pixels
layout1.SetSize(846, 515)

#-----------------------------------
# saving camera placements for views

# current camera placement for renderView1
renderView1.CameraPosition = [6.61698179969444,
7.34189360716979, 33.18151709458496]
renderView1.CameraFocalPoint = [0.3229837119579315,
3.5412698313593864, -8.999472379684448]
renderView1.CameraViewUp = [0.6697819490404495,
0.7239548347644629, -0.16517123829751987]
renderView1.CameraParallelScale = 11.081853654916877

#-----------------------------------------------
# uncomment the following to render all views
```

```
# RenderAllViews()
# alternatively, if you want to write images, you can use
SaveScreenshot(...).
```

　これを「.py」の拡張子を付けて保存すると、以降は、「Python Shell」画面で「Run Script」ボタンで読み込んで同じ操作を実行することができます。

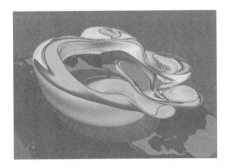

付　録

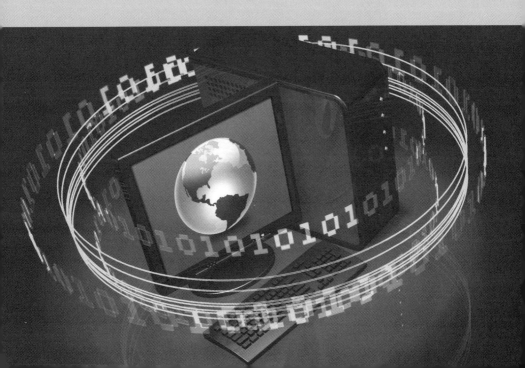

付録A　ソースコードからParaViewをコンパイル

「ParaView」は、Windows (64bit)／Linux (64bit)／macOS (x86/ARM 64bit)のバイナリ形式で配布されていますが、場合によってはソースファイルを入手してコンパイルをする必要があるかもしれません。

オープンソースのため、自分でソースコードを改変して、バグを修正したり、機能を追加、変更する場合にはコンパイル作業は必ず必要です。

コンパイルの準備、実行に2、3日かかるだけでなく、環境の組み合わせを修正していくのに最低でも数日はかかる可能性が高いです。

「ParaView」を使って作業することよりコンパイルに挑戦することが目的の方は試してもよいと思いますが、バイナリ版を使って本来の可視化作業をすることの方が重要だと思われます。

以降の手順内に参考としてステップの処理時間を記載していますが、これらは筆者の環境(ラップトップPC)での目安です。

CPU	Intel Core i7-9750H / 2.60 GHz
RAM	32 GB
OS	Windows 10 Pro

各ソフトウェアの環境の組み合わせは複雑です。最新のバージョンをそろえるよりは、少し前のものを使っていく方が成功の確率は高いと思います。

コンパイルする「ParaView」のバージョン	5.10.1
コンパイラ	Visual Studio
MPI	MS-MPI
Qt	5.x または6.x3
CMake	3.x (Windows x86_64)
Python	3.x

おおよその流れは、次のようになります。

① 「Python」をダウンロードしてインストール
② 「Visual Studio」をダウンロードして、インストール
③ 「MPI」をダウンロードして、インストール
④ 「Qt」をダウンロードし、インストール
⑤ 「CMake」をダウンロードし、インストール
⑥ 「ParaView」ソースコードをダウンロードし、コンパイル

※動画用のaviファイルをサポートしていないOSの場合、ffmpegライブラリをインストールしておく必要があります（Windowsの場合は不要）。
https://ffmpeg.org/
※「ParaView」はOpenGLを使用しているため、OpenGLをサポートしていないハードウェアで動作させるためには、MESA 3Dを使用する必要があります（Windowsの場合は不要）。
https://www.mesa3d.org/

次のサイトが「ParaView」のサイトのインストール手順のURLです。

https://www.paraview.org/Wiki/ParaView:Build_And_Install

■「Python」をダウンロードして、インストール

「Python」をダウンロードして、インストールする手順は、各種Webページや他の参考書をご覧ください（3.3以降が必要。最新でないものの方が良い）

■「Visual Studio」をダウンロードして、インストール

「Visual Studio」をダウンロードして、インストールする手順は、マイクロソフトのWebページや他の参考書をご覧ください。
（Visual Studio 2015〜2019を使います。Kitware社のビルドプロセスを解説したページでは、執筆時点でVisual Studio 2013の指定方法が書かれ、またCMakeのメニューからも選択できますが、チェックエラーが発生し、2015以降を使うように表示されます。しかし、Visual Studio 2022などの新しいバージョンではCMakeでチェックエラーが出ます）

■「MPI」をダウンロードして、インストール

Microsoft 社が提供している、「MS-MPI」を、下記の Web サイトからダウンロードしてインポートします。

```
https://docs.microsoft.com/ja-jp/message-passing-interface/microsoft-mpi
```

■「Qt」をダウンロードして、インストール

「Qt」は、ユーザーインターフェイスを構築するためのフレームワークです。「ParaView」はユーザーインターフェイスに「Qt」を使っているため、コンパイルには「Qt」の環境が必要です。

次の Web サイトで、「Qt」をダウンロードします。

```
https://www.qt.io/download
```

インストーラのファイル名は

```
qt-unified-windows-x64-4.4.1-online.exe
```

です。

インストーラを起動して、「デスクトップ開発用」を選択して「次へ」をクリックします。インストールのバージョンを選択します。「Qt 5.x」「Qt 6.x」をインストールします（Qt 6.xの場合は少し前のものの方がうまくいきます）。

「Qt」のインストールの詳細は、「Qt」の資料を参考にしてください。

■「CMake」をダウンロードして、インストール

「ParaView」をコンパイルするとき、「ParaView」の開発元である Kitware 社が開発している「CMake」環境を使うと、分かりやすいです。

次の Web サイトからダウンロードしてインストールします。

```
http://www.cmake.org/
```

「Paraview 5.10.1」のソースを開くとき、「CMake 3.11」以前のバージョンを使うと、すぐにエラーが出ます（3.12〜3.16以上を使うようにというメッセージが出ます）。

■「ParaView」のコンパイル

環境のインストールが終わったので、「ParaView」のビルドに入ります。

手 順

[1]「ParaView」のWebサイトからソースファイルのzipファイルまたはtar.gzファイルをダウンロードし、解凍します。

　ソースコードなので、OSには依存しません。

[2]「スタート」メニュー→「CMake(cmake-gui)」を選択します。

[3] 起動後の表示される設定画面で、次のように各ディレクトリ（フォルダ）を指定します。

　「Where is the source code」には、「ParaView」のソースコードを解凍したディレクトリを指定し、「Where to build the binaries」には、コンパイルされたバイナリ・ファイルを保存するディレクトリを指定します。

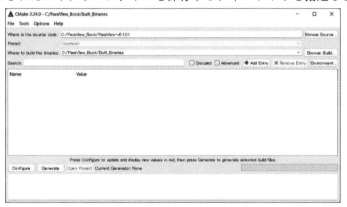

図A-1　「CMake」の設定画面

[4] 画面左下の「Configure」ボタンをクリックします。「Optional platform for generator」で「x64」を指定します。

　「ParaView」のコンパイルに使う環境を次の画面で指定します。ここで指定された環境用の最終ビルドファイルが生成されます。

　「Finish」ボタンをクリックすると、チェックが始まり、終了するまでに

非常に時間がかかります。（筆者環境でのConfigureの参考所要時間：80分程度）

図A-2 「Visual Studio」のバージョンを指定

[5] チェックの結果で、赤く表示される箇所は、モジュールや設定が不足している箇所です。

「ParaView」の生成に必須のコンポーネントが不足しているとビルドが終了しませんが、必須でないものであれば、仮に赤くなっていたとしてもそのままビルドできます。

不足しているものがあれば、その行をクリックすると編集が可能になり、右側に「…」があるものはクリックしてディレクトリを選択するなどを行ない、不足を解消していきます。

画面の下にメッセージが表示されていて、赤い字の部分が不足項目の説明になっているのでそれに対応していきます。

設定を変更したら、「Configure」をクリックして、再度、確認処理を行ないます。この作業は何度か繰り返す必要があるかもしれません。

さらに複雑な設定をする場合は、「ParaView」のソースフォルダ内にある「CMake」の設定ファイル「CMakeList.txt」を編集します。

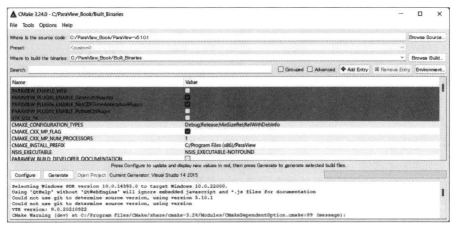

図A-3 コンポーネントのチェック

[6] 並列処理を行なうには、ここで「MPI」(分散処理用のモジュール)の設定をする必要があります。

「MPI」をインストールしているだけでは、マルチ・コア環境での分散処理はできません。

リストされている「PARAVIEW_USE_MPI」の項にチェックを入れます。

以降、各種の設定を「Configure」ボタンを押して、設定を確認しながら進めます。

(筆者環境でのConfigure処理1回の参考所要時間：10〜20分程度。

ただし、これをかなりの回数繰り返す必要があり、また、環境のバージョンを変える(再インストール)作業も入るため、数日のスパンで見ておく必要があるかもしれません)

いくつかの設定項目をまとめておきます。

PARAVIEW_USE_CUDA	CUDA (GPU処理)を組み込む
PARAVIEW_USE_MPI	MPIを組み込む
PARAVIEW_USE_PYTHON	Pythonを組み込む
PARAVIEW_USE_QT	Qtを組み込む

Qt5_DIR	Qt5を使う場合のディレクトリパス
Qt6_DIR	Qt6を使う場合のディレクトリパス
VTK_MPI_NUMPROCS	VTKで使うことができるプロセッサ数
VTK_QT_VERSION	VTKで使うQtのバージョン（Autoでも明示してもよい）

[7] 必須のコンポーネントが揃ったら「Generate」ボタンをクリックしてビルド用のMakeファイルを生成します。

（Generateの参考所要時間：15〜30分程度）

[8] 生成が完了したら、「Generating done」が表示されるので、「CMake」を終了します。

　次に、「スタート」メニュー→「Visual Studio」を起動します。

[9] 「ファイル」→「プロジェクトを開く」を選択し、[3]で指定したディレクトリ内にある「ParaView.sln」ファイルを開きます。

　開くとソースファイルの各種チェックが始まります。

（筆者環境での読み込みにかかる参考所要時間：15〜20分）

[10] 「ビルド」メニュー→「ソリューションのビルド」を選択します。

（筆者環境でのビルドにかかる参考所要時間：8時間以上）

[11] ビルドが完了すると、[3]で指定したディレクトリ内の「bin」の下に「paraview.exe」が作られているはずです。

付録B クライアント/サーバでの運用

「ParaView」は、クライアント/サーバ運用し、画面表示やユーザー操作の部分を「クライアント」で実行し、「数値処理」と「レンダリング」をサーバで行なうことができます。

サーバの構成は2種類あります。

・サーバ側を1つのプロセスで実行する
・サーバ側をレンダリング・サーバ(画像のレンダリング処理部分)とデータ・サーバ(データの処理部分)の2つに分離して実行する

まず、サーバのプロセスが1つの場合を説明します。

■サーバの起動

手 順

[1] 「スタート」メニューから、Windowsのコマンド・プロンプトを起動します。

[2] cdコマンドで「ParaView」ディレクトリの「bin」に移動します。
次のように入力します。

```
>pvserver
```

次のコマンドで使うことができるオプションを確認できます。

```
>pvserver -help
```

「pvserver」のコマンド・ラインでの主なオプション設定は次のようになります。

・MPI関連

--mpi	現在のプロセスのMPIを初期化。
--no-mpi	現在のプロセスのMPIの初期化をスキップ。

・プラグイン関連

--plugin-search-paths	プラグインを探すときのパスを指定。
--Plugins	起動時に読み込むプラグインを指定。

・クライアント・サーバ接続関連

--connect-id	クライアント/サーバ接続のID（ユニーク）。
--hostname	現在のプロセスの接続に使われるホスト名を上書き。
-r / --rc	リバース接続モードに変更。
-p / --sp	クライアントからの接続を待つポート番号（デフォルトは11111）。
--timeout	接続が確立されてからのタイムアウトの時間間隔。

・レンダリング関連

--stereo	ステレオレンダリングを使う。
--tdx	水平方向に表示されるディスプレイ数。
--tdy	垂直方向に表示されるディスプレイ数。

[3]「Waiting for client…」と表示され、クライアントからの接続を受け付けるようになります。デフォルトのリスニング・ポートは、「11111」です。

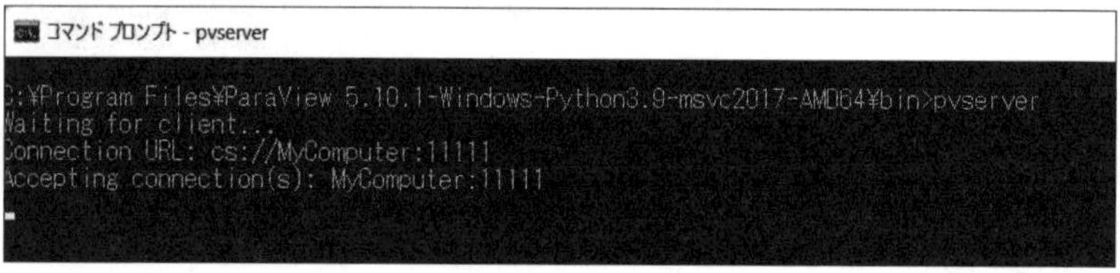

図B-1 サーバが起動

■クライアントからの接続

手 順

[1] クライアントとなるマシンでスタンド・アロンの場合と同じように
「ParaView」を起動します。

[2] ツールバーの「Connect」をクリック（または「File」メニューの
「Connect」を選択）します。

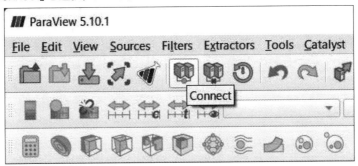

図B-2　サーバに接続

[3] どのサーバを使うかを設定する画面が表示されます。

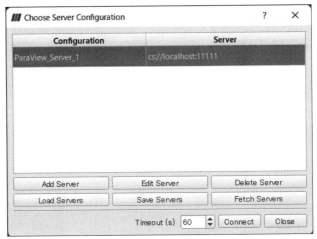

図B-3　サーバ選択画面

199

[4] 新規で登録する場合は、「Add Server」をクリックして、「ParaView」サーバが動作しているマシンを指定します。

「Name」はサーバのリストを表示するときにわかりやすい識別子（名前）を付けます。

「Server Type」では、サーバ側で動いているプロセスに合わせて選択します。ここでは「Client / Server」とします。「Render Server」と「Data Server」を分離している場合には、そのように設定します。

「Host」の項は、「ホスト名」や「IPアドレス」を指定。

ポートは、デフォルトの「11111」のままとしておきます。

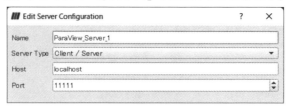

図B-4　サーバの接続設定

[5] サーバは別に起動しているため、「Startup Type」を「Manual」に設定します。「Configure」をクリックして、次へ進みます。

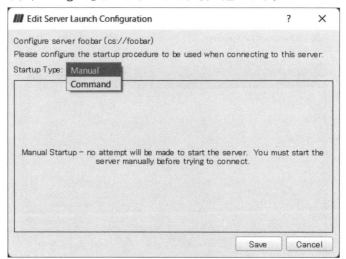

図B-5　サーバの起動設定

[6] サーバを選択して「Connect」をクリックします。サーバの接続に成功すると、「Pipeline Browser」の中の表示が「builtin:」から「cs://server-name:11111」に変わります。「cs」は「クライアント/サーバ」を意味し、「server-name」はサーバのホスト名やIPアドレスなどに変わります。

ParaView 5.10.1
File Edit View Sources Filters Extractors Tools Catalyst Macros Help
Pipeline Browser
ParaView_Server_1 (cs://localhost:11111)
Layout #1
3D

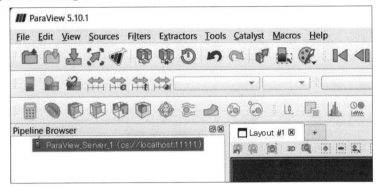

図B-6　サーバに接続完了

サーバ側は次のように表示されています。

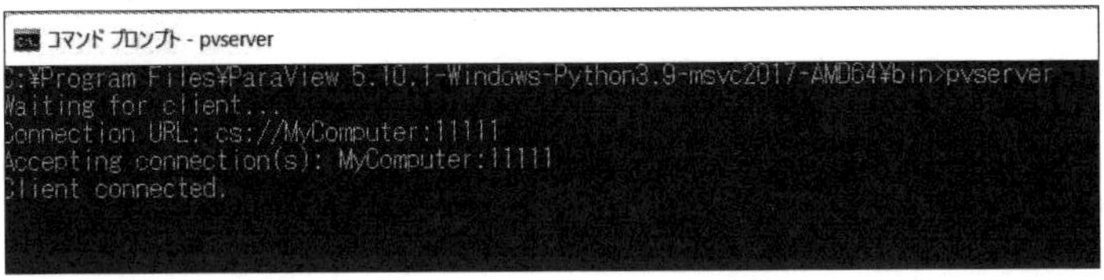

コマンド プロンプト - pvserver
C:¥Program Files¥ParaView 5.10.1-Windows-Python3.9-msvc2017-AMD64¥bin>pvserver
Waiting for client...
Connection URL: cs://MyComputer:11111
Accepting connection(s): MyComputer:11111
Client connected.

図B-7　サーバ側の表示

クライアント/サーバ間にファイアウォールがあり、特定の方向のトラフィックしか通さない場合、サーバの起動時のオプションで切り替えることができます。次のオプションで、サーバ側から接続を返すようになります。

```
>pvserver -r --client-host=＜ホスト名＞
```

■データ・サーバとレンダリング・サーバを分ける場合

1つのクライアントに対して、レンダリング・サーバとデータ・サーバはそれぞれ複数台で処理させることができます。

大規模なデータの場合、分離することで効率が上がります。

ただし、レンダリング・サーバとデータ・サーバ間の通信が発生すること、両サーバ間の振り分け・統合の処理等が発生するため、すべての状況で効率化できるわけではないことを理解してください。

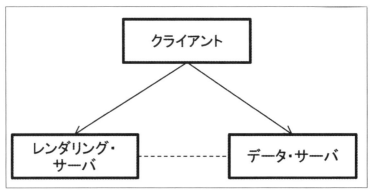

図B-8　サーバ間の関係

レンダリング・サーバとデータ・サーバの関連付けにはGUIを使います。

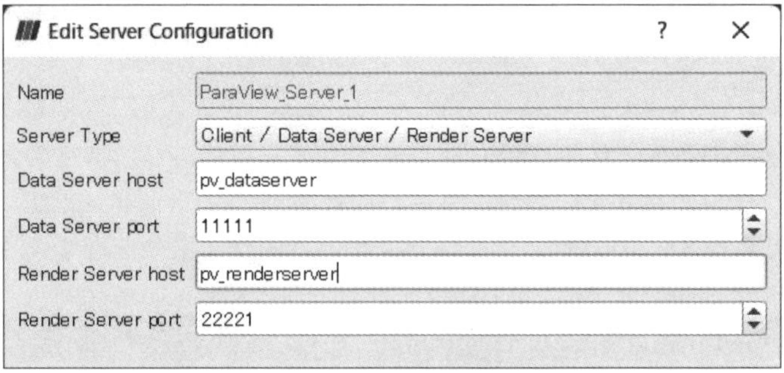

Edit Server Configuration	? ✕
Name	ParaView_Server_1
Server Type	Client / Data Server / Render Server ▼
Data Server host	pv_dataserver
Data Server port	11111 ⬍
Render Server host	pv_renderserver
Render Server port	22221 ⬍

図B-9　サーバの接続設定

この設定状況を保存したいときは、「Save Servers」をクリックして、「.pvsc」ファイルをエクスポートします。このファイルには、次の例のような内容が書かれています。

```
<Servers>
  <Server name="ParaView_Server_1" configuration=""
resource="cdsrs://pv_dataserver:11111//pv_
renderserver:22221">
    <ManualStartup/>
  </Server>
  <Server name="builtin" configuration=""
resource="builtin:">
    <ManualStartup/>
  </Server>
</Servers>
```

索引

■著者略歴

林 真（はやし・まこと）

1968 年滋賀県生まれ。
国立大学工学部を卒業後、米国で修士（Master of Science）を取得。
日系精密機器メーカー開発部門、外資系ソフト会社のマーケティング責任者を経て、
現在は日系のソフト関連業務に従事。

［主な著書］

「科学技術計算」で使う Python
はじめての ParaView ［改訂版］　　　　（工学社）

質問に関して

本書の内容に関するご質問は、

① 返信用の切手を同封した手紙

② 往復はがき

③ FAX (03) 5269-6031

　（ご自宅の FAX 番号を明記してください）

④ E-mail　editors@kohgakusha.co.jp

のいずれかで、工学社編集部宛にお願いします。電話によるお問い合わせはご遠慮ください。

● サポートページは下記にあります。

【工学社サイト】http://www.kohgakusha.co.jp/

I/O BOOKS

はじめての ParaView 三訂版

2022 年 10 月 25 日　初版発行　© 2022

※定価はカバーに表示してあります。

著 者　　林 真
発行人　　星 正明
発行所　　株式会社工学社
　　　　　〒 160-0004
　　　　　東京都新宿区四谷 4-28-20 2F
電話　　　(03) 5269-2041 (代) ［営業］
　　　　　(03) 5269-6041 (代) ［編集］
振替口座　00150-6-22510

［印刷］（株）エーヴィスシステムズ　　　　　ISBN978-4-7775-2216-3